Monika Utnik
Agnieszka Sozańska
Zeit
Vom kleinsten Moment bis zur Unendlichkeit
Aus dem Polnischen von Marlena Breuer
XII
I
II
X
XI
magellan

Natürlich magellan®

Hergestellt in Deutschland
CO_2-Ersparnis durch kurze Lieferwege
Gedruckt auf FSC®-zertifiziertem Papier
Lösungsmittelfreier Klebstoff
Drucklack auf Wasserbasis
Farben auf Pflanzenölbasis

Weitere Infos gibt es hier:

www.magellanverlag.de/natürlich

1. Auflage 2024

Die polnische Originalausgabe erschien 2023 unter
dem Titel „Czas, czyli wszystko płynie" bei

Published by arrangement with Wydawnictwo „Nasza Księgarnia"
Text: Monika Utnik
Illustrationen: Agnieszka Sozańska
Übersetzung: Marlena Breuer
Umschlaggestaltung: Carolin Glaser unter der Verwendung
einer Illustration von Agnieszka Sozańska
Druck: Westermann Druck Zwickau GmbH
ISBN 978-3-7348-6059-1

www.magellanverlag.de

Inhalt

Was ist Zeit?

Angenommen, ihr trefft einen Außerirdischen, der nichts über die Erde weiß. Wie würdet ihr seine Frage „Was ist Zeit?" beantworten? Dabei muss man nicht mal einen Außerirdischen fragen. Bereits unterschiedliche Kulturen oder Urvölker wie die Aborigines in Australien besitzen ein anderes Verständnis von Zeit als du oder ich. Doch was verstehen wir überhaupt unter Zeit?

Der **heilige Augustinus** (geboren im Jahr 354), ein bedeutender Denker, schrieb über die Zeit: „Was also ist die Zeit? Wenn niemand mich danach fragt, weiß ich's, will ich's einem Fragenden erklären, weiß ich's nicht."

Schon in der Antike dachte man über die Zeit nach. Sie war einfach ein Rätsel. Anfang des 5. Jahrhunderts v. Chr. stellte der Philosoph Heraklit fest: „**Alles bewegt sich fort und nichts bleibt.**" Er meinte damit, dass man nicht zweimal in denselben Fluss steigen kann, weil sich zwischen dem ersten und dem zweiten Mal die Strömung ändert, die Wellen anders brechen, die Fische davongeschwommen und Blätter von Bäumen ins Wasser gefallen sind. Viel später schrieb die polnische Nobelpreisträgerin Wisława Szymborska in dem Gedicht „Nichts geschieht ein zweites Mal":

Kein Tag wird sich wiederholen,
keine Nacht, denn sie entrücken.
Es gibt nicht zwei gleiche Küsse,
zwei wiederholbare Blicke.

Der Mensch wusste also noch immer nicht viel über die Zeit. Moderne Physiker, Chemiker und Mathematiker erkunden die Welt, Astronauten fliegen ins All, und trotzdem bleibt die Zeit **schwer zu erklären**. Wir leben mitten in der Zeit, aber so richtig verstehen können wir sie nicht.
Verrückt, oder? Zeit spielt in unserem Leben eine wichtige Rolle, wir reden über sie, nutzen sie in Sprichwörtern („Zeit ist Geld", „Kommt Zeit, kommt Rat"), und dennoch fällt es uns schwer, zu sagen, was sie eigentlich ist. Wir messen **Tage, Jahre und Epochen**, wir wissen, wie ein Kalender funktioniert, und benutzen Uhren. Wir wissen, dass die Grundeinheit der Zeit die Sekunde (s) ist. 60 Sekunden sind 1 Minute (min), 60 Minuten sind 1 Stunde (Std. oder h), 24 Stunden sind 1 Tag, und 365 Tage sind 1 Jahr. Doch ist es nicht leicht, in Worte zu fassen, was eine Sekunde und eine Stunde wirklich sind.
60 s = 1 min
60 min = 1 h
24 h = 1 Tag
365 Tage = 1 Jahr
Oder existiert die Zeit vielleicht gar nicht? Immerhin verfügen wir über Sinnesorgane, um zu sehen, zu hören, zu schmecken und zu riechen, aber uns fehlt eines, das nur für das **Zeitgefühl** verantwortlich wäre. Man könnte glauben, wir hätten die Zeit gar selbst erfunden, damit wir geordneter durchs Leben kommen.
Manchmal heißt es, man solle im **Hier und Jetzt** leben – ohne Pläne und ohne darüber nachzudenken, was war, weil man es sowieso nicht ändern kann. Aber wie geht das, wenn die Gegenwart zwar jetzt geschieht, aber in einem Moment bereits Vergangenheit ist und vor Kurzem noch die Zukunft war?

Verworrene Stunden

Stellt euch vor, ihr fliegt nach England. Vor dem Abflug schaut ihr auf die Uhr – es ist 10:00 Uhr am Vormittag. In England ist es aber erst 9:00 Uhr.

Oder nehmen wir an, ihr fliegt nach New York. Wenn es in Deutschland 15:00 Uhr ist, ist es dort 9:00 Uhr. Der **Zeitunterschied** zwischen Deutschland und New York beträgt sechs Stunden.

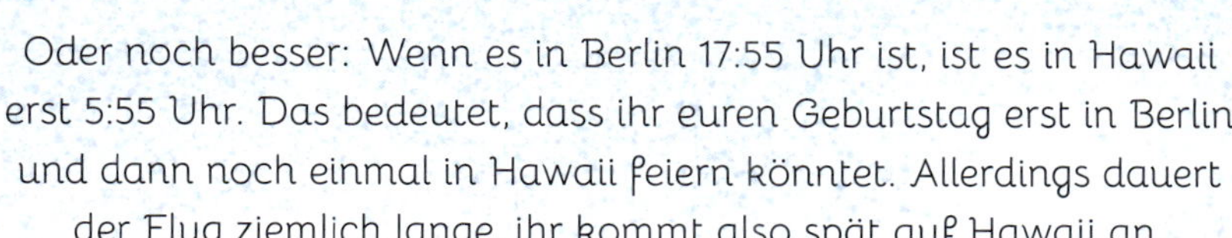

Oder noch besser: Wenn es in Berlin 17:55 Uhr ist, ist es in Hawaii erst 5:55 Uhr. Das bedeutet, dass ihr euren Geburtstag erst in Berlin und dann noch einmal in Hawaii feiern könntet. Allerdings dauert der Flug ziemlich lange, ihr kommt also spät auf Hawaii an.

Außerdem können sich die Zeitunterschiede zwischen bestimmten Orten ändern, da nicht alle Länder im Frühling ihre Uhren eine Stunde vorstellen, also auf **Sommerzeit** umstellen.

BERLIN

NEW YORK

Die Erde ist in **Zeitzonen** unterteilt. Wenn ihr euch einen Globus anseht, sind das die Gebiete zwischen den **Meridianen** – den weißen Linien, die vom Nordpol zum Südpol reichen. In diesen Gebieten gilt in der Regel eine Uhrzeit.

SYDNEY

TOKIO

Als weltweit gültiger **Nullmeridian** (also Vergleichspunkt für die Zeit) wurde 1884 der Meridian vereinbart, der durch den Hof des berühmten Königlichen Observatoriums in Greenwich, London, verlief. Er wurde mit einem Metallstreifen im Pflaster markiert. Wenn man sich darüberstellte, stand man mit einem Fuß auf der östlichen Hemisphäre und mit dem anderen auf der westlichen Hemisphäre.

Durch bessere Messungen wissen wir heute, dass der Nullmeridian 102 Meter von dem Metallstreifen entfernt ist, aber Besucher von **Greenwich** machen trotzdem Fotos an dieser Stelle.

Das Observatorium wurde 1675 gegründet. Vor allem wurden dort die für die **Navigation** in der Hochseeschifffahrt nötigen Messungen durchgeführt. Weil der Londoner Himmel durch das viele Licht nachts aber zu hell ist und das Observatorium unter anderem durch den Zweiten Weltkrieg Schäden genommen hat, wird es nicht mehr genutzt.

Kleinere Länder liegen meist nur in einer Zeitzone. Aber wusstet ihr, dass es sehr große Länder gibt, die in mehreren Zonen liegen? Das sind unter anderem die USA, Kanada, Brasilien, Russland und Australien. Und es gibt Orte, die in keiner Zeitzone liegen! Das sind der Südpol und der Nordpol, wo alle Meridianenden an einem Punkt zusammenlaufen. Dort gibt es einfach keine Zeitzonen.

Wandelbar wie ein Chamäleon

Wisst ihr, wann die Uhren von Winterzeit auf Sommerzeit umgestellt werden? Keine Sorge – das vergessen auch die Erwachsenen! Aber warum machen wir das überhaupt?

In der Europäischen Union (EU) erfolgt die **Zeitumstellung** am letzten Sonntag im März und am letzten Sonntag im Oktober. So stellen wir 2024 die Uhren in der Nacht vom 30. auf den 31. März von Winter- auf Sommerzeit und in der Nacht vom 26. auf den 27. Oktober von Sommer- auf Winterzeit um (die Daten ändern sich jedes Jahr). Im März stellen wir die Uhren um eine Stunde vor (wir verlieren eine Stunde) und im Oktober stellen wir die Uhren um eine Stunde zurück (und gewinnen eine Stunde). Wenn wir im März um 9:00 Uhr aufwachen, ist es also schon 10:00 Uhr, im Oktober hingegen ist es nach der Umstellung erst 8:00 Uhr.

Die Umstellung von Winter- auf Sommerzeit wurde eingeführt, um die **Sonnenzeit** am Abend zu verlängern. Mit anderen Worten: Man wollte das Tageslicht länger nutzen. Die Idee war, Strom zu sparen, weil in den Wohnungen das Licht nicht so früh eingeschaltet wird, und dass man länger bei Tageslicht fahren kann, was sicherer ist. Darüber hinaus wiesen Wissenschaftler nach, dass mehr Stunden im Sonnenlicht das Wohlbefinden verbessern.

Die Zeit wurde erstmals 1916 von den Deutschen umgestellt. Dann von den Briten und Iren. 1918 stellten die USA erstmals auf Sommerzeit um.

Wusstest du, dass in Deutschland die Zeitumstellung schon mehrmals wieder abgeschafft oder verändert wurde? Erst 1980 wurde die Winter- und Sommerzeit, wie wir sie heute haben, wieder eingeführt.

In manchen Ländern gibt es übrigens **keine Zeitumstellung**, z. B. in Japan, Island, Belarus, den meisten afrikanischen Ländern und seit einigen Jahren in Russland, wo die Uhren am 26. Oktober 2014 zum letzten Mal umgestellt wurden.

Inzwischen überlegt zum Beispiel die EU, zu der auch Deutschland gehört, die **Zeitumstellung abzuschaffen**. Denn die Umstellung macht kaum einen Unterschied – was wir in der Sommerzeit sparen, verbrauchen wir in der Winterzeit mit einem höheren Energieverbrauch, zum Beispiel durchs Heizen. Außerdem haben Wissenschaftler nachgewiesen, dass die Zeitumstellung Probleme beim Einschlafen und Konzentrationsstörungen verursacht. Mögt ihr die Zeitumstellung?

Vorher und nachher

WIR SIND
IM JAHR 5784.

WIR SIND
IM JAHR 1445.

Die Christen haben jetzt das Jahr **2024 n. Chr.** – gerechnet ab der Geburt Christi. Nach dem islamischen Kalender ist es aber 1445, denn als Beginn der neuen Ära wird das Jahr der Auswanderung des Propheten Mohammed aus Mekka (der heiligen Stadt der Muslime) nach Medina angesehen. Im Judentum hingegen wird die Zeit ab dem Tag der Erschaffung der Welt oder ab dem Tag der Erschaffung des Menschen gemessen, was bedeutet, dass in der jüdischen Religion das Jahr 5784 ist. In Nepal ist nach dem offiziellen Staatskalender das Jahr 2080, im persischen Kalender ist es noch 1402, im koptischen Kalender ist es 1740 und im indischen Nationalkalender ist es 1945.

Das christliche Zeitverständnis unterteilt die Weltgeschichte in zwei wichtige Phasen: in die Zeit vor der **Geburt Jesu** und in die Zeit danach. Daher werden die Abkürzungen v. Chr. (vor Christi Geburt) und n. Chr. (nach Christi Geburt) neben die Daten geschrieben. Die Jahre vor Christi Geburt werden rückwärts gezählt, zum Beispiel 1550 v. Chr. bis 1400 v. Chr., und die nach Christi Geburt ab dem Jahr 1 aufwärts, zum Beispiel 1400 n. Chr. bis 1550 n. Chr.

GEBURT JESU

Jahr 1

1550 v. Chr. 1500 v. Chr. 1450 v. Chr. 1400 v. Chr. 1400 n. Chr. 1450 n. Chr. 1500 n. Chr. 1550 n. Chr.

v. Chr. n. Chr.

Allerdings gab es die neue Zeitrechnung nicht gleich nach der Geburt Jesu, sondern erst ab dem Jahr 525, als Johannes I. Papst war. Unter ihm prägte der Mönch Dionysius Exiguus den Begriff **„Anno Domini"**, was „Jahr des Herrn" heißt, also vom Jahr von Christi Geburt ausgehend. Aber woher wissen wir, wann Jesus geboren wurde?

Eine weitere Vermutung, wann Jesus geboren wurde, drehte sich um den Stern von Bethlehem, den die Heiligen Drei Könige gesehen haben. Bei diesem Stern soll es sich um einen Kometen gehandelt haben, der im Jahr 5 v. Chr. 70 Tage lang gesehen wurde. Diese Theorie wurde mittlerweile aber verworfen, weil ein Komet damals eher als Unheilsbringer gedeutet worden wäre. Aber Moment mal …! Wenn die Ära, in der wir leben, vom Geburtsdatum Jesu Christi gezählt wird, wie konnte er überhaupt davor geboren worden sein? Tja, **Dionysius Exiguus** – der Mönch, dem die Begründung der christlichen Zeitrechnung zugerechnet wird – wusste es einfach nicht besser, als er das Geburtsdatum Jesu bestimmte. Und er wurde nie korrigiert.

Was war, was ist und was wird sein?

Habt ihr euch jemals gefragt, wie ihr die Zeit empfindet? Vielleicht ist euch bislang nicht in den Sinn gekommen, anders als in Vergangenheit, Gegenwart und Zukunft über sie nachzudenken. Denn das sehen wir als normal an. Man nennt diese Einteilung **lineare Zeit**. Sie wird auf die Sekunde genau gemessen und scheint sich unaufhaltsam vorwärtszubewegen, ob es einem passt oder nicht.

Im **Judentum** wurde die Zeit erstmals auf diese Weise dargestellt. Man beschrieb, dass sich die Welt auf bestimmte Ereignisse in der Zukunft zubewegt, beispielsweise auf das Kommen des Messias. Dann teilte man im Christentum die Zeit in vor und nach Christi Geburt. Gleichzeitig benannte das Christentum ein bestimmtes Ereignis, das in der Zukunft stattfinden soll: das Jüngste Gericht.

Aber nicht alle Kulturen betrachten die Zeit gleich.

Für einige **Völker wie die Hadza** in Tansania zählt nur die Gegenwart, während die Vergangenheit in den Geschichten über Vorfahren und wichtige Ereignisse lebt. Ereignisse, die wir chronologisch erzählen, also nach dem Prinzip „Was war, was ist, was wird sein“, werden in den Geschichten solcher Kulturen nicht immer in dieser Reihenfolge dargestellt.

Die antiken Völker betrachteten die Zeit als etwas Zyklisches. So sagt man, wenn die Zeit auf Ereignissen basiert, die sich wiederholen, z.B. Feiertagen. **Ackerbaukulturen** lebten im Einklang mit der Natur und orientierten sich z.B. an den Jahreszeiten, Sonnenauf- und -untergang und den Mondphasen.

Noch heute spricht man in bestimmten Situationen von einer **zyklischen Zeit**, etwa wenn sich Weihnachten, Ostern oder Silvester, aber auch persönliche Feiertage wie Geburtstage oder Jubiläen wiederholen. Auf diese Weise bewahren wir die Erinnerung an vergangene Ereignisse, die wichtig sind und die wir jedes Jahr aufs Neue erleben.

Gummizeit

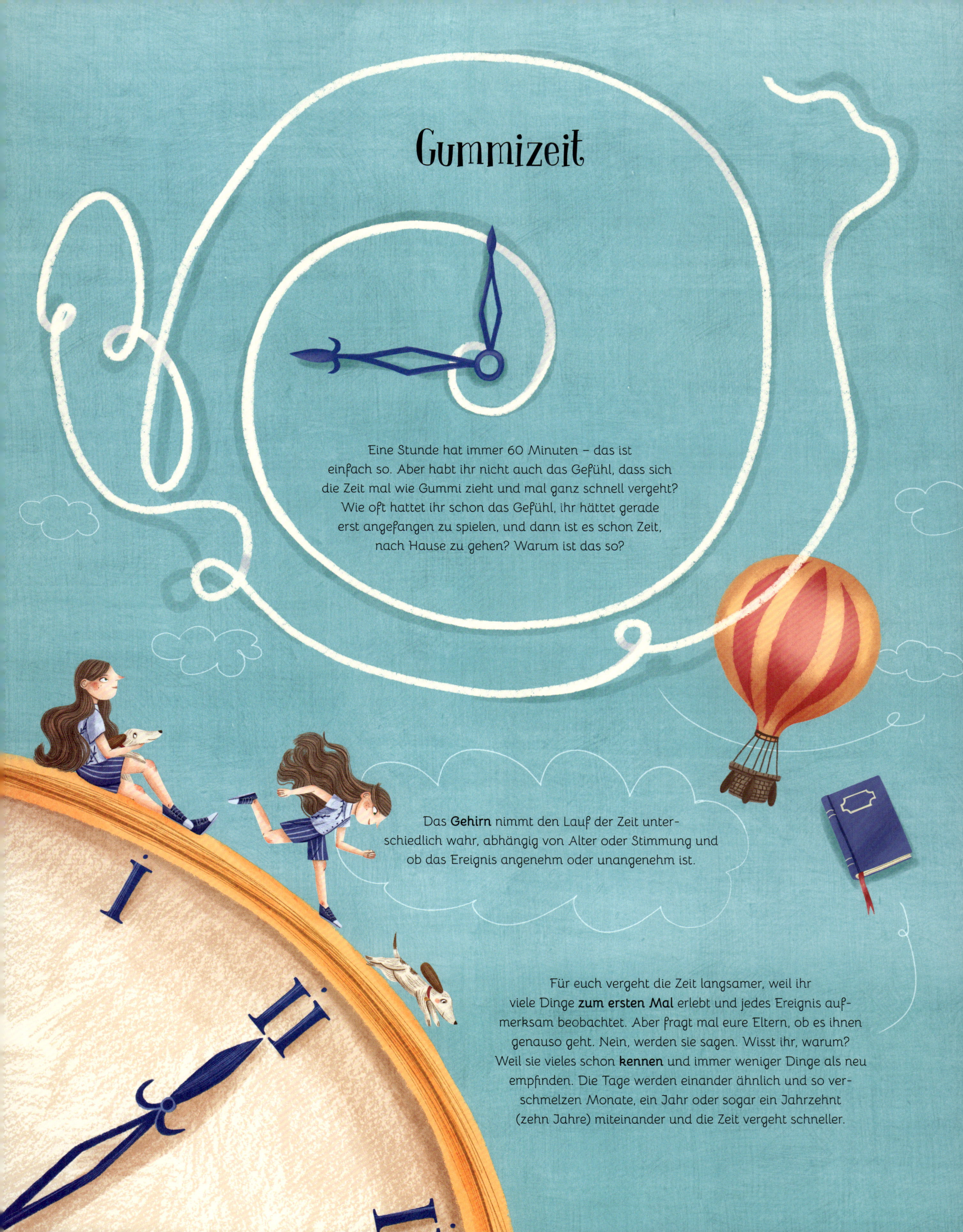

Eine Stunde hat immer 60 Minuten – das ist einfach so. Aber habt ihr nicht auch das Gefühl, dass sich die Zeit mal wie Gummi zieht und mal ganz schnell vergeht? Wie oft hattet ihr schon das Gefühl, ihr hättet gerade erst angefangen zu spielen, und dann ist es schon Zeit, nach Hause zu gehen? Warum ist das so?

Das **Gehirn** nimmt den Lauf der Zeit unterschiedlich wahr, abhängig von Alter oder Stimmung und ob das Ereignis angenehm oder unangenehm ist.

Für euch vergeht die Zeit langsamer, weil ihr viele Dinge **zum ersten Mal** erlebt und jedes Ereignis aufmerksam beobachtet. Aber fragt mal eure Eltern, ob es ihnen genauso geht. Nein, werden sie sagen. Wisst ihr, warum? Weil sie vieles schon **kennen** und immer weniger Dinge als neu empfinden. Die Tage werden einander ähnlich und so verschmelzen Monate, ein Jahr oder sogar ein Jahrzehnt (zehn Jahre) miteinander und die Zeit vergeht schneller.

Am schlimmsten ist es, wenn man sich auf die Zeit konzentriert. Wenn man beispielsweise im Wartezimmer ungeduldig auf die Uhr schaut. Dann ziehen sich die Minuten **ewig** hin. Wenn man hingegen in einer interessanten Zeitschrift blättert, vergeht die Zeit **wie im Flug**, und man ist überrascht, wenn der Arzt den eigenen Namen ins Wartezimmer ruft.

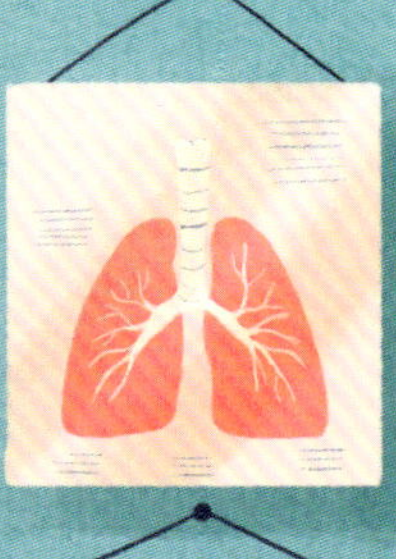

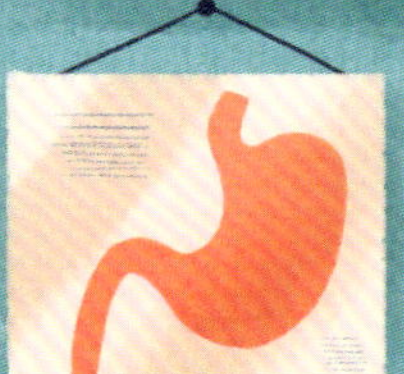

Die Wahrnehmung der Zeit hängt auch mit **Gefühlen** zusammen. Wenn man sich zum Beispiel den Arm bricht, steht viel Unangenehmes an: die Erstuntersuchung, die Entscheidung, dass man ins Krankenhaus muss, den Knochen setzen und belasten, Gips anlegen, Ankunft zu Hause, Traurigkeit, dass man einen Monat lang viele Dinge nicht tun kann … Dann vergeht die Zeit gaaanz langsam.

Das Gegenteil ist der Fall, wenn man glücklich ist, beispielsweise beim Eisessen oder beim Genießen der schönen Aussicht von einem Berggipfel, den man gerade bestiegen hat.

Eile mit Weile

Hopp, hopp, schnell Schule, Schwimmbad, und dann auch noch Hausaufgaben machen. So geht es den ganzen Tag. Dabei sollten wir eher etwas langsamer werden und die verschiedenen Aktivitäten mit größerer Aufmerksamkeit ausführen. Haltet einen Moment inne, schaut euch um. Esst euer Sandwich nicht im Gehen. Unterhaltet euch mit euren Geschwistern oder Eltern, statt im Smartphone zu versinken. Lest ein Buch nicht nur, um es schnell zu lesen und zu vergessen, sondern lebt die Geschichte, als wärt ihr die Protagonisten. Ein paar vermeintlich gesparte Minuten bringen nichts, im Gegenteil: Ihr habt besseren Kontakt zu euren Geschwistern, könnt beim Essen jeden Bissen genießen und beim Spaziergang die ersten Knospen am Baum bemerken. Dann stellt sich heraus, dass ihr die Zeit ein bisschen kontrollieren und verlangsamen könnt. Klar, anhalten könnt ihr sie nicht, aber ihr könnt **bewusster leben**.

Diesen Alltag ohne Eile nennt man **Slow Life** – langsames Leben. Dazu gehört unter anderem Slow Food, also Essen mit guter Qualität im Kreise der Familie zu essen und zu genießen.

Die Bewegung begann 1986 in Italien mit dem Lebensmittelkritiker Carlo Petrini und anderen Aktivisten, die verbreiteten, dass McDonald's Junkfood (ungesundes Essen) verkauft. Ihr Protest fand in Rom statt. Gleichzeitig beschlossen sie, traditionelle, lokale Produkte zu unterstützen und den Respekt vor der Natur zu fördern. Im Laufe der Zeit wurden ihre Ideen auf der ganzen Welt bekannt, und werden auch in anderen Lebensbereichen umgesetzt.

Beispielsweise gibt es seit einiger Zeit die **Slow-Fashion**-Bewegung. Dabei geht es darum, weniger und dafür bessere Kleidung zu kaufen, und zwar nur dann, wenn man sie wirklich braucht, nicht, weil sie in Mode ist. Denn um Baumwolle für ein T-Shirt zu produzieren, braucht es 2700 Liter Wasser, das ist so viel, wie ein Mensch in drei Jahren trinkt! Man kann das Kleid der Schwester in einer Änderungsschneiderei umändern lassen, es einer Nachbarin schenken oder verkaufen. Außerdem gibt es auf YouTube viele Videos, die zeigen, wie man aus einem alten Kleidungsstück ein neues macht. Auf diese Weise produziert man weniger Kleidermüll und schont den Planeten.

Und dann gibt es noch den **Slow Tourism**. Bewusste Touristen meiden große Hotels, sie schalten das Smartphone und das GPS aus. Sie lernen die Kultur und Sprache eines bestimmten Landes besser kennen, anstatt nur die berühmten Sehenswürdigkeiten zu besichtigen.

Das Slow Life beschert **mehr Freude** über jedes noch so kleine Ereignis. Denn das Wichtigste ist nicht, der Zukunft hinterherzujagen, sondern im Hier und Jetzt zu leben.

Planetenzeit

„Ah, hätte der Tag doch 48 Stunden! Man könnte alle Hausaufgaben erledigen und hätte trotzdem Zeit zum Spielen." Habt ihr schon einmal von so etwas geträumt? Normalerweise sagen einem die Erwachsenen, man solle etwas tun, statt zu träumen. Aber das hindert einen nicht zu denken: „Wenn wir doch auf einem anderen Planeten leben könnten!" Dazu müsst ihr aber etwas wissen: Die Planeten in unserem Sonnensystem kreisen nicht nur um die Sonne, sondern drehen sich auch um sich selbst. Der **Zeitraum einer Umdrehung** wird als Tag bezeichnet (von einem Sonnenaufgang zum anderen). Auf der Erde dauert ein Tag 24 Stunden. Aber auf anderen Planeten ist er unterschiedlich lang.

Je schneller sich der Planet dreht, desto kürzer ist sein Tag. Auf Jupiter und Saturn dauert er etwa 10 Stunden, auf Neptun und Uranus 16 und 17. Beschwert euch also nicht über Zeitmangel, auf anderen Planeten hättet ihr noch weniger! Allerdings entspricht ein Tag auf dem Merkur 59 Erdentagen und ein Tag auf der Venus 243 Erdentagen – was würdet ihr mit so viel Zeit tun? Auf dem Mars ist ein Tag ähnlich lang wie auf der Erde. Es lohnt sich also nicht, dorthin zu reisen ...

Je weiter ein Planet von der Sonne entfernt ist, desto länger dauert eine Umrundung und desto länger dauert ein Jahr. Zum Vergleich: Ein Jahr auf dem Jupiter dauert 12 Erdenjahre, auf dem Saturn über 29 Jahre, auf dem Uranus 84 Jahre und auf dem Neptun fast 165 Jahre! Überlegt euch, wie lange ihr auf euren nächsten Geburtstag warten müsstet ...

Träumt ihr immer noch davon, auf einen dieser Planeten zu ziehen?

NEPTUN

1 TAG = 16 STUNDEN
1 JAHR = 165 ERDENJAHRE

URANUS

1 TAG = 17 STUNDEN
1 JAHR = 84 ERDENJAHRE

SATURN

1 TAG = ÜBER ZEHN STUNDEN
1 JAHR = MEHR ALS 29 ERDENJAHRE

JUPITER

1 TAG = 10 STUNDEN
1 JAHR = 12 ERDENJAHRE

Ein Tag auf der Erde hat **24 Stunden**. Aber nicht im Hotel. Wenn man dort übernachtet, kann man das Zimmer nicht 24 Stunden nutzen. Hier spricht man übrigens von einer Nacht: Sie beginnt meist um 14:00 Uhr und endet um 11:00 Uhr am nächsten Tag. In der Zeit bis zur neuen „Nacht" bereitet das Personal die Zimmer für die nächsten Gäste vor.

Die kosmische Zeitmaschine

Der Stern, der der Erde am nächsten ist (außer der Sonne), heißt **Proxima Centauri**. Er ist ungefähr 40 Billionen Kilometer von unserem Planeten entfernt, also etwa vier Lichtjahre. Vorausgesetzt, wir hätten ein Raumschiff, das so weit fliegen könnte – der Flug dorthin würde Tausende von Jahren dauern. Das wirft eine Reihe von Problemen auf: Wie würde man Treibstoff und Vorräte für so eine lange Zeit transportieren? Wie viele Menschen müssten mitreisen, damit eine spätere Generation irgendwann auf Proxima Centauri ankommen würde? Und was würde in der Zwischenzeit auf der Erde passieren? Für eine solche Expedition müsste man vieles bedenken!

Und jetzt etwas Interessantes: Die Erde ist etwa 150 Millionen Kilometer von der Sonne entfernt, und ihr Licht erreicht unseren Planeten nach etwa 8,5 Minuten. Das ist ziemlich lang. Stellt euch mal vor, ihr seht einen Baum an, der etwa einen Meter von euch entfernt ist. Das von seinen Blättern **reflektierte Licht** benötigt etwa drei Nanosekunden, um euer Auge zu erreichen (oder, um es einfacher auszudrücken, bis ihr den Baum sehen könnt). Ihr seht den Baum also so, wie er vor drei Nanosekunden war! Und je größer die Entfernungen von der Erde zu anderen Planeten sind, desto älter ist das Bild.

„Existiert also alles, was wir sehen, nicht mehr?", fragt ihr euch jetzt vielleicht. Genau. Zwar denken wir, dass das, was wir sehen, gerade passiert, aber das ist eine Illusion.

Das **Universum** zu beobachten ist wie eine Zeitreise in die Vergangenheit. Viele Sterne, die wir am Nachthimmel sehen, sind längst „gestorben". Beispielsweise sehen wir die Andromeda-Galaxie so, wie sie war, als der erste Mensch auf der Erde erschien (vor etwa 2,5 Millionen Jahren), und den dritthellsten Stern im Sternbild Zwillinge, Alhena, sehen wir so, wie er vor etwa 100 Jahren war! Mit anderen Worten: Mit guten Teleskopen können wir den Kosmos in seinem früheren Zustand sehen.

Vielleicht kennt ihr den berühmten Satz: „Houston, wir haben ein Problem!", mit dem sich die Astronauten laut dem Film *Apollo 13* bei der NASA in Houston gemeldet haben sollen. Aber wusstet ihr, dass es ein paar Sekunden dauert, bis NASA und Astronauten miteinander in Kontakt treten können? Genau wie Licht brauchen Radiowellen, die den Ton transportieren, nämlich Zeit, um uns zu erreichen.

Wie alt ist die Erde?

Habt ihr schon mal vom **Urknall** gehört? Das ist die Idee, dass das ganze Universum aus einem winzigen Punkt gestartet ist und seitdem, wie ein Hefeteig, immer weiter aufgeht. Aber was vor diesem Punkt passiert ist, wissen selbst die schlausten Köpfe nicht.

So unwahrscheinlich die **Entstehung des Universums** ist, so unglaublich scheint auch dessen Alter: nach neuesten Forschungen etwa 13,8 Milliarden Jahre! Wissenschaftler haben sie mithilfe komplizierter Formeln ermittelt, und die Berechnungen sind extrem schwierig, weil sich das Universum ständig vergrößert.

Es dauerte lange, bis unser Planet entstand. Die Erde ist etwa 4,5 Milliarden Jahre alt! Auf ihr entstand vor weniger als 4 Milliarden Jahren das Leben. Es wurde praktisch aus dem Nichts geboren! Zuerst kamen winzige **Bakterien**, dann **Amphibien** (vor mehr als 300 Millionen Jahren) und **Reptilien**. Im Laufe der Zeit entwickelten sich die **Dinosaurier** (sie tauchten vor etwa 225 Millionen Jahren auf und lebten bis vor etwa 66 Millionen Jahren). Die Zeit der Dinosaurier wurde durch eine gigantische Katastrophe unterbrochen (laut Wissenschaft ein Meteoriteneinschlag). Nur kleine Tiere überlebten. Und mit ihnen entwickelte sich langsam der **Mensch**. Dieses „langsam" dauerte unglaublich lange. Schließlich trat vor 50.000 bis 40.000 Jahren der moderne Mensch *Homo sapiens sapiens* auf. Verglichen mit dem Alter der Erde ist die Menschheitsgeschichte also ein Wimpernschlag.

Denn nehmen wir an, ihr teilt einen Kuchen in 20 Stücke. Ihr nehmt ein Stück und esst es auf. Der Kuchen ist dann immer noch fast ganz. Denn ihr habt so wenig davon gegessen, dass man den Unterschied kaum bemerkt. Unsere Zivilisation (von den alten Sumerern, die im 4. Jahrtausend v. Chr. auftauchten, bis jetzt) ist nur ein kleines Stück vom Kuchen in der langen Geschichte des Universums und der Erde. So klein, dass es fast unsichtbar ist. Doch obwohl die Menschen erst so kurz existieren, haben sie viel erreicht: Sie haben das Rad erfunden und sind ins All geflogen.

Wale und Eintagsfliegen

Der Mensch hier wird etwa 80 Jahre alt.
Und wie alt werden Tiere? Ganz unterschiedlich!

Am längsten leben die **Schwämme**. Aber nicht die künstlichen zum Putzen. Schwämme sind nämlich Tiere! Die griechischen Inseln Kalymnos und Symi sind berühmt für die Schwämme. Die alten Krieger verwendeten sie, um die Innenseite ihrer Helme auszukleiden, damit diese nicht an der Haut rieben. In den kalten Gewässern der Antarktis leben die ältesten Schwämme, *Anoxycalyx joubini*. Sie sind über 10.000 Jahre alt. Vermutlich weil Zellen bei niedrigen Temperaturen langsamer altern (aber geht bloß nicht zu lange ins Eiswasser, ihr seid kein Schwamm!).

Den Altersrekord unter den Säugetieren halten übrigens die **Grönlandwale**. Sie erreichen ein Alter von etwa 200 Jahren. Sie bewohnen unter anderem die kalten Gewässer der Arktis. Von Zeit zu Zeit durchbrechen sie das Eis, um Luft zu holen. Sie können bis zu 18 Meter lang und bis zu 100 Tonnen schwer werden. Forscher zeichneten die Geräusche auf – den Walgesang –, mit denen Wale kommunizieren. Die Wale singen so viel, dass manche Wissenschaftler den Grönlandwal als den Louis Armstrong der Ozeane bezeichnet haben (Armstrong war ein berühmter Jazztrompeter und -sänger).

Die Liste der langlebigen Tiere endet hier aber nicht. Das älteste Landlebewesen dürfte die etwa 190 Jahre alte **Riesenschildkröte** Jonathan sein. Sie lebt auf der Insel St. Helena in der Nähe von Westafrika. Solche Schildkröten wiegen durchschnittlich 250 Kilogramm, haben runde Beine und einen sehr langen Hals, mit dem sie auch an höher wachsende Äste kommen.

Unter den Vögeln wird der **Kakapo**, ein Papagei aus Neuseeland, sehr alt – manche Forscher sagen bis zu 100 Jahre alt. Der Kakapo ist wie eine Haushenne oder ein Truthahn ein flugunfähiger Vogel, der einzige unter den Papageien. Dafür kann er aber auf Bäume klettern.

Würde sich eines der genannten Tiere über sein Schicksal beschweren, wäre das sehr taktlos. Was soll denn eine **Eintagsfliege** sagen? Die Eintagsfliege lebt normalerweise am Wasser. Die Larven überleben bis zu drei Jahre, die erwachsenen Tiere jedoch meist nur 24 Stunden. Sie haben nur Zeit, Eier zu legen, dann sterben sie.

Bauchhärlinge leben drei Tage lang oder etwas länger! Sie sind wirbellose Lebewesen (d. h. ohne Skelett in Form einer Wirbelsäule und Schädel) und sind nur wenige Millimeter groß. Man findet sie auf dem Meeresgrund. Ihren Namen verdanken die Bauchhärlinge den Flimmerhärchen, die Bauch und Kopfbereich bedecken und mit denen sie sich fortbewegen.

Auch **Bienen** leben nicht sehr lange. Nur vier bis sechs Wochen! Dafür sind sie sehr fleißig, pflichtbewusst und unermüdlich. Sie machen das Beste aus der kurzen Zeit, die ihnen gegeben ist!

Die ältesten Bäume

Seid ihr mal einem Baum begegnet, der so groß ist, dass man drei Leute braucht, um ihn zu umarmen? Bei solchen Bäumen handelt es sich in der Regel um sehr alte Bäume.

Ein solch alter Baum ist zum Beispiel die Schenklengsfelder Sommerlinde. Sie gilt als einer der ältesten Bäume Deutschlands und soll um die 1.200 Jahre alt sein. Auf der griechischen Insel Kreta gibt es sogar einen gewaltigen Olivenbaum, der noch viel älter ist! Er soll etwa 3.000 bis 5.000 Jahre alt sein. Zu den sehr alten Bäumen gehört auch die Langlebige Kiefer Methuselah in den White Mountains in Kalifornien, die etwa 4.800 Jahre zählt. Sie alle sind aber nicht mit Pando vergleichbar: Das ist eine Zitterpappelkolonie, wobei die jungen Bäume nicht aus Samen wachsen, sondern aus den Wurzelausläufern der alten Bäume. Auf einer Fläche von 60 Fußballfeldern wachsen mehr als 45.000 Bäume, die aber ein einziger Organismus sind. Wie alt die Bäume sind, weiß man nicht. Vielleicht 12.000 Jahre, vielleicht auch viel, viel älter!

Es gibt Methoden zur Berechnung des Alters von Bäumen (die Wissenschaft, die Bäume misst und sich mit ihrem Aufbau beschäftigt, ist die Dendrometrie). Aber auch ihr könnt das Alter eines Baums bestimmen! Zumindest ungefähr. Dafür benötigt ihr Maßband, Block und Stift. Mit dem Maßband messt ihr auf einer Höhe von einem Meter den Umfang des Stammes. In unserem Beispiel hat der Baum einen Umfang von 130 Zentimetern. Dazu solltet ihr wissen, dass ein Baum etwa 2,5 Zentimeter pro Jahr wächst. Das ist aber nur ein grober Richtwert, manche Bäume wachsen auch schneller oder langsamer. Als Nächstes teilt ihr den Umfang, die 130 Zentimeter, durch 2,5 (wenn ihr das noch nicht könnt, bittet eure Eltern um Hilfe). Dann müsst ihr noch etwa 20 Jahre hinzurechnen. Das Ergebnis ist 72 Jahre. Das ist aber eher eine Schätzung, die Berechnungen der Forscher sind viel genauer. Wenn ein Baum gefällt wurde, kann man sein Alter anders bestimmen. In diesem Fall zählt man die Jahresringe. Jedes Jahr erscheint ein Ring. Je älter der Baum ist, desto mehr Ringe hat er. Die Anzahl der Ringe ist also das Alter des Baumes.

Zeitdiebe

„Was du heute kannst besorgen, das verschiebe nicht auf morgen." Bestimmt kennt ihr dieses Sprichwort. Aber viel besser wäre doch: „Was du heute kannst besorgen, das verschiebe auf übermorgen, dann hast du zwei Tage frei." Das macht euch nämlich weniger Stress. Wenn wir wissen, dass wir etwas erst in ein paar Tagen erledigen müssen, atmen wir erleichtert auf. Wir entspannen.

Aber **Aufschieben** hilft uns nicht auf lange Sicht. Denn später gibt es dann so viel zu tun, dass wir gar nicht mehr wissen, wo wir anfangen sollen. Deswegen ist es besser, sich sofort um etwas zu kümmern, anstatt lange darüber nachzudenken, wie man es aufschiebt. Also kein: Aber jetzt läuft doch dieser tolle Film im Fernsehen! Oder: Oh, eine Nachricht! Das allein wäre ja gar nicht so schlimm, aber meistens schaut man sich nicht nur einen bestimmten Film an, sondern sitzt stundenlang vor dem Fernseher, und liest nicht nur eine Nachricht, sondern sucht auch noch auf YouTube nach Songs. Am Ende ist man schließlich viel zu müde und die Arbeit ist immer noch nicht erledigt …

Wir in Deutschland verbringen durchschnittlich mehr als drei Stunden täglich vor dem Fernseher, was hochgerechnet auf die Lebenserwartung etwa zehn Lebensjahren entspricht. Außerdem greift der Deutsche im Schnitt jede Viertelstunde zum Smartphone. Unglaublich, oder? In der gleichen Zeit könnte man ein Buch lesen oder mit einem Freund plaudern oder darüber nachdenken, „wie wunderbar die Welt ist" (wie einst Louis Armstrong in seinem Lied *What a Wonderful World* sang).

Eine weitere **große Zeitverschwendung** besteht darin, ein Chaos anzurichten, das man später wieder aufräumen muss. Unordnung ist wirklich ein Fluch. Wenn eure Großeltern euch besuchen wollen, geratet ihr in Panik, und statt nur ein bisschen das Zimmer aufzuräumen, verbringt ihr den ganzen Tag damit. Außerdem findet man im Chaos wichtige Sachen oft nicht. Dann wird man unruhig, denn *irgendwo muss doch dieses Notizbuch sein!* Schätzungen zufolge verbringen wir fast ein Jahr unseres Lebens damit, nach Dingen zu suchen.

All das – das **Hinausschieben und Herumtrödeln**, die Nutzung des Smartphones oder der Spielkonsole – ist spannender, als es sein sollte. Kurz gesagt: Es raubt wertvolle Zeit, die man für etwas anderes verwenden könnte, z. B. Spazierengehen, Fußballspielen oder Radfahren.

Wichtig ist, sich dessen **bewusst** zu sein und die Zeit **sinnvoll** zu nutzen. Man sollte sie nicht verschwenden.

Uralt

Manchmal findet eine Figur im Märchen eine geheimnisvolle Flasche mit Lebenselixier, durch das sie nicht mehr altert. Ein schöner Gedanke, oder?

Es kommt vor, dass Menschen wirklich sehr lange leben – ganz ohne Elixier.

Die **Bibel** erwähnt mehrere **langlebige Personen**: Methusalem soll 969 Jahre gelebt haben (zu einem sehr alten Menschen sagt man, er sei ein „Methusalem"), und Noah (mit der Arche) soll im Alter von 950 Jahren gestorben sein. Auch die sumerischen Herrscher, denen göttlicher Ursprung zugeschrieben wurde, lebten angeblich lange. In der sumerischen Königsliste von etwa 2000 v. Chr. lesen wir die Legende von acht Königen, die Tausende von Jahren über die Städte Sumers geherrscht haben sollen. Das scheint unmöglich, aber es wurde eine Theorie entwickelt, um das zu erklären: Die Menschen wollten ihre Vorfahren ehren und verliehen ihnen deshalb ein hohes Alter.

Tatsächlich erreichen nur wenige Menschen ein **hohes Alter**. Und schon gar nicht wie die biblischen Menschen. Rekordhalterin ist die Französin **Jeanne Calment**, die 122 Jahre und 164 Tage alt wurde und bis zuletzt gesund war. Warum lebte sie so lang? Bestimmt nicht wegen ihrer gesunden Ernährung. Jeanne Calment trank noch im Alter von 117 Jahren jeden Tag ein Glas Wein, rauchte Zigaretten und aß oft Süßigkeiten. Sie glaubte, dass man einfach lächeln und optimistisch ins Leben blicken muss. Sie war die letzte Person, die den Maler Vincent van Gogh persönlich kannte und über ihre Eindrücke von der Begegnung sprechen konnte (sie sagte, er sei unhöflich gewesen). Nach ihrem Tod nannte der französische Präsident Jacques Chirac sie die Großmutter aller Franzosen.

Die Menschen, die am längsten leben, kommen meist von **Inseln**. Zum Beispiel aus Sardinien in Italien, Ikaria in Griechenland und Okinawa in Japan. Solche Orte werden **Blaue Zonen** genannt. Ihr langes Leben verdanken ihre Bewohner der Tatsache, dass sie Sport treiben, herzlich sind und lächeln, sich gesund ernähren und ständige soziale Kontakte pflegen. Da sie auf Inseln leben, bauen sie den Großteil des Gemüses und Obsts selbst an und essen daher weniger verarbeitete Lebensmittel.

Dass Menschen so alt werden, war nicht immer so. In Biskupin, einer 2.700 Jahre alten Siedlung in Polen, fand man Skelette von Menschen, die Untersuchungen zufolge nur 35 Jahre alt geworden waren. Und das nicht wegen Krieg oder Mord. Auch vor 600 Jahren war das noch so. Die Menschen lebten meist nur 35 bis 40 Jahre lang (die Reichen wurden meist älter). Die Gründe für die **kurze Lebenszeit** sind vielfältig. Manche starben aufgrund von Infektionskrankheiten oder Seuchen wie Pest und Cholera so früh. Denn für solche Krankheiten gab es damals noch keine Impfstoffe, die entdeckte man erst vor gut 200 Jahren.

Heute gelten Dreißigjährige als **junge Erwachsene** und denken meist nicht daran, zu heiraten oder eine Familie zu gründen. Es ist kaum zu glauben, dass Frauen früher mit zwanzig als alte Jungfern galten und Mädchen schon mit 14 Jahren heirateten ...

Die ältesten Uhren

Wusstet ihr, dass man bereits vor 5.500 Jahren Uhren verwendete? Oder dass die Menschen im mittelalterlichen China durch Wecker geweckt wurden? Lernt die Uhren kennen, die den Menschen von der Antike bis ins 18. Jahrhundert die Zeit anzeigten.

Den Anfang machten **Sonnenuhren** – die älteste von ihnen wurde in Ägypten entdeckt. Ihre Entstehung war Zufall. Jemand rammte einen Stock in den Boden und bemerkte, dass der Schatten des Stocks mit der Sonne wanderte. Den Stock nannte man später Gnomon (nicht zu verwechseln mit einem Gnom!). Um den Gnomon zog man schließlich einen Kreis und teilte diesen in 24 Teile. Doch warum funktionieren Sonnenuhren? Weil sich unsere Erde um die Sonne dreht und die Sonne dadurch unterschiedlich scheint: Wenn sie aufgeht, steht sie tief am Horizont, mittags strahlt sie über unseren Köpfen und wenn sie untergeht, wandert sie zurück unter den Horizont. Sonnenuhren lagen entweder flach auf Sockeln oder wurden an Kirchtürmen und Gebäudefassaden aufgehängt (so wie die Sonnenuhr am Stallhof in Dresden). Vermutlich hatte auch das berühmte **Stonehenge** in England – riesige vertikale Felsbrocken, die in einem Kreis angeordnet sind – eine Sonnenuhrfunktion (oder Sonnenkalenderfunktion).

Es gibt aber auch andere Arten, die Zeit zu messen. Die **Stundenkerze** war eine lange Kerze, die auf einen Ständer gestellt und in die Metallnägel hineingeschlugen wurde. Nachdem das Wachs bis zum Nagel geschmolzen war, fiel dieser auf den Metallständer und verkündete so die verstrichene Zeit. Manchmal wurde auch nur eine Skala hinter der Kerze angebracht, die die Zeit anzeigte.

Die **Öllampenuhr** funktionierte ebenfalls mit Feuer. Sie hatte einen Glaskolben, auf den eine Skala gezeichnet war – wenn das Öl abbrannte, sank der Füllstand und zeigte so den Lauf der Zeit an. Von dort aus war es nicht weit bis zur Sanduhr.

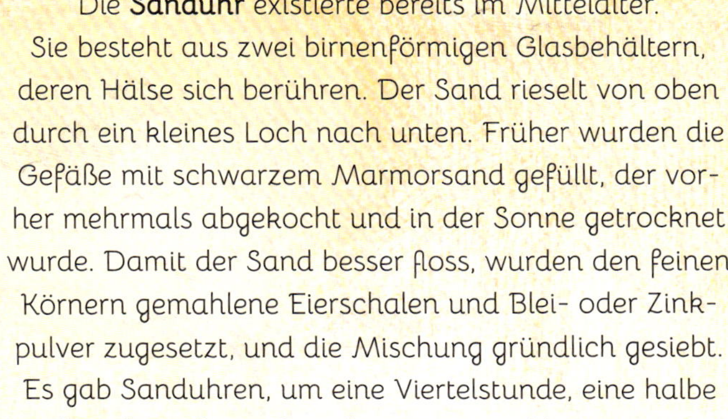

Die **Sanduhr** existierte bereits im Mittelalter. Sie besteht aus zwei birnenförmigen Glasbehältern, deren Hälse sich berühren. Der Sand rieselt von oben durch ein kleines Loch nach unten. Früher wurden die Gefäße mit schwarzem Marmorsand gefüllt, der vorher mehrmals abgekocht und in der Sonne getrocknet wurde. Damit der Sand besser floss, wurden den feinen Körnern gemahlene Eierschalen und Blei- oder Zinkpulver zugesetzt, und die Mischung gründlich gesiebt. Es gab Sanduhren, um eine Viertelstunde, eine halbe Stunde und eine Stunde zu messen. Heute nutzt man sie eher für Spiele oder Zähneputzen.

Die erste **Taschenuhr** wurde Anfang des 16. Jahrhunderts von Peter Henlein in Nürnberg erfunden. Man nannte sie das **Nürnberger Ei**. In der Dose der Uhr war der Mechanismus versteckt, den man mit einer Aufziehfeder in Gang setzen konnte. Ziemlich clever!

Pendeluhren, Kuckucksuhren, Wecker

Im Jahr 1656 erfand **Christiaan Huygens** eine bestimmte Art von Uhr, die aufgezogen werden musste. Aufziehen konnte man sie mit einem Spezialschlüssel durch ein Loch im Ziffernblatt. Wie oft man das machen musste, hing unter anderem von Alter und Zustand ab. Um welche Uhr handelt es sich?

Na klar, gemeint ist die **Pendeluhr**. Sie hat ein Gehäuse und ist sehr empfindlich gegenüber Temperatur-, Luftdruckschwankungen und Vibrationen. Daher ist sie eher für den Innenbereich geeignet. Große Uhren mit langem Pendel stehen auf dem Boden, kleinere hängen an der Wand.

Oft haben Pendeluhren ein **Spielwerk**, das Melodien spielen kann (ein mechanischer Hammer schlägt Glöckchen an), oder einen **Kuckuck**. Letzterer öffnete automatisch seinen Schnabel, schlug mit den Flügeln und dem Schwanz, während ein kuckucksähnlicher Pfiff, der aus zwei Orgelpfeifen kam, ertönte. Diese Idee entwickelte der aus dem Schwarzwald stammende Franz Ketterer. Das Gehäuse dieser Pendeluhren mit Kuckuck war mit Rosen, Blumensträußen, Hirten, Landschaften oder Tieren bemalt. Anfangs galten sie als kitschig, doch dann wurden sie schnell beliebt. Bis heute ist der Schwarzwald für seine Kuckucksuhren berühmt, man kann sie an jeder Ecke kaufen.

Etwa zeitgleich mit den Pendeluhren entstanden sogenannte **Nachtuhren**. Sie wurden von den Campani-Brüdern für Papst Alexander VII. entworfen, der angeblich Schlafstörungen hatte und es nicht mochte, wenn es neben seinem Ohr tickte. Die Brüder entwickelten also eine geräuschlose Uhr. Außerdem sorgten sie dafür, dass man das Ziffernblatt auch im Dunkeln erkennen konnte, indem sie eine Kerze hinter das mit Löchern versehene Zifferblatt ins Gehäuse stellten. Das Gehäuse hatte einen Schornstein, um die Wärme der Kerze herauszulassen.

Aber gab es neben Nachtuhren auch schon Uhren, um morgens früh aufzustehen? Ja! Die Chinesen hatten beispielsweise schon vor langer Zeit **Feueruhren**. Sie hängten Nägel oder schwere Kugeln an eine Schnur über ein Feuer. Wenn die Schnur durchgebrannt war, fiel die Kugel mit einem lauten Krach auf ein Metalltablett und weckte den Schläfer. Im mittelalterlichen Europa erfüllten **Nachtwächter** die Funktion von Uhren – sie schlossen abends die Stadttore und signalisierten so, dass es bald Zeit zum Schlafen war. Mit der Industrialisierung, also dem Wechsel von der Handarbeit zur Fabrikarbeit, wurde der Wecker immer wichtiger. In englischen Arbeitervierteln gab es deswegen eine Zeit lang den Beruf des „Aufweckers". Der schlug mit einem langen Stock an die Fenster, um Schlafmützen auf die Beine zu bringen. Allerdings eroberten irgendwann mechanische Wecker die Welt. Und mittlerweile ziehen viele Menschen oft das Smartphone dem Wecker vor.

Handlich, weil am Handgelenk

Heutzutage schauen wir eher auf das Smartphone als auf die Armbanduhr, wenn wir wissen wollen, wie spät es ist. Armbanduhren sind eher zu modischen Accessoires geworden. Manche Uhrmarken werden dabei stark mit Geld und Reichtum in Verbindung gebracht. Diese Verbindung gab es auch damals schon!

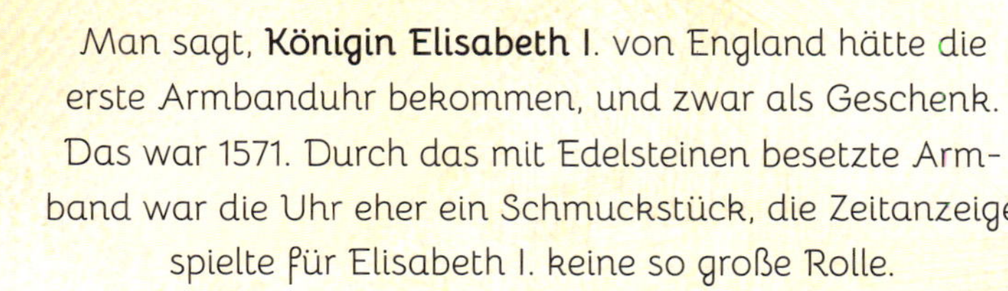

Man sagt, **Königin Elisabeth I.** von England hätte die erste Armbanduhr bekommen, und zwar als Geschenk. Das war 1571. Durch das mit Edelsteinen besetzte Armband war die Uhr eher ein Schmuckstück, die Zeitanzeige spielte für Elisabeth I. keine so große Rolle.

Erst 1810 erfand Abraham-Louis Breguet eine mechanische Armbanduhr, die die Zeit genau anzeigte. Schon bald trugen die mächtigen Leute der Welt Uhren von Breguet. Städter, Kaufleute und Anwälte hingegen hatten weiterhin flache Taschenuhren mit Deckel, die an einer Uhrenkette hingen. Die Uhren steckten in der Westentasche, und die am Knopf befestigte Kette baumelte herunter.

Als der Erste Weltkrieg ausbrach, erwiesen sich Taschenuhren im Kampf als nutzlos. Sie gingen leicht kaputt und man musste in die Tasche greifen, die Uhr herausziehen, öffnen und dann die Uhrzeit ablesen, während die feindlichen Kugeln um die Soldaten herumsausten. So begann die Massenproduktion der viel praktischeren **Armbanduhren** für die Armee.

Im Jahr 1969 kam es zu einer echten Revolution in der Uhrmacherei – das japanische Unternehmen Seiko stellte die **Quarzuhr** Astron vor! Diese Uhr wurde nicht mehr mechanisch angetrieben und musste daher nicht mehr aufgezogen werden. Sie funktionierte mit einer Batterie. Da die Herstellung von Quarzuhren kostengünstig war, eroberten sie schnell die Welt. Die alten Uhrmacher missbilligten die Neuheit, weil sie befürchteten, sie würde die traditionelle Uhrmacherkunst gefährden. Recht hatten sie!

Die 1970er-Jahre brachten weitere Veränderungen. George H. Thiess hatte die Idee, die Zeiger der Uhr durch eine digitale Anzeige zu ersetzen. So entstand die weltweit erste **elektronische Uhr** der Marke Pulsar mit vierstelliger LED-Anzeige. Die Pulsar wurde von James Bond im Film *Leben und sterben lassen* getragen.

Heute leben wir im Zeitalter der **Smartwatches** („intelligente Uhren"), die viele Funktionen vereinen, wie zum Beispiel eine Stoppuhr, einen Kalender oder einen Taschenrechner. Sie können Schritte zählen, den Puls messen und außerdem Nachrichten senden und empfangen. Ihr könnt mit eurer Smartwatch bezahlen, das Wetter checken und im Internet surfen.

Überlegt mal: Alles begann mit einer Uhr, die kaum die Zeit genau messen konnte!

Uhren im Einsatz

Fahrt ihr gerne Fahrrad, geht segeln oder spielt Schach? Ist euer Vater Pilot oder eure Mutter Pilotin? Dann ist das hier das Kapitel für euch.

Für Sportlerinnen und Sportler

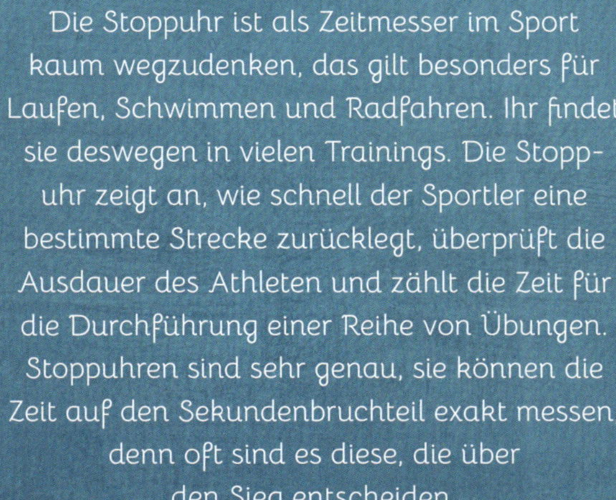

Die Stoppuhr ist als Zeitmesser im Sport kaum wegzudenken, das gilt besonders für Laufen, Schwimmen und Radfahren. Ihr findet sie deswegen in vielen Trainings. Die Stoppuhr zeigt an, wie schnell der Sportler eine bestimmte Strecke zurücklegt, überprüft die Ausdauer des Athleten und zählt die Zeit für die Durchführung einer Reihe von Übungen. Stoppuhren sind sehr genau, sie können die Zeit auf den Sekundenbruchteil exakt messen, denn oft sind es diese, die über den Sieg entscheiden.

Für Seglerinnen und Segler

Früher nutzten Schiffe für die Navigation, also um sich auf der See zurechtzufinden, eine besondere Uhr, den Chronometer. Dieser befand sich in einer Holzkiste, die ihn unter anderem vor Feuchtigkeit schützte. Die Uhr war äußerst präzise, denn bereits wenige Sekunden Zeitabweichung bedeuteten einen falschen Kurs. Inzwischen haben allerdings elektronische Chronometer und moderne Navigationssysteme den traditionellen Chronometer ersetzt. Seinen ersten Einsatz hatte der Chronometer übrigens auf der zweiten Reise von James Cook – dem berühmten englischen Seefahrer aus dem 18. Jahrhundert, der unter anderem zu den Cookinseln segelte, die damals noch anders hießen.

Für Pilotinnen und Piloten

Die erste Fliegeruhr wurde Anfang des 20. Jahrhunderts für den berühmten brasilianischen Flieger Albert Santos Dumont geschaffen. Dumont war ein außergewöhnlicher Mann, flog Ballons und baute die ersten Flugzeuge und Luftschiffe. Eines Tages beklagte er sich in einem Gespräch mit seinem Freund, dem französischen Juwelier Louis Cartier, über eine Taschenuhr, die nicht seinen Erwartungen entsprach. Also entwarf Cartier für Albert eine neue Uhr. So entstand die berühmte Armbanduhr, die ihren Namen vom Namen des Piloten – Santos – erhielt. Cartier präsentierte sie 1904. Bis heute wird sie als weltweit erste Fliegeruhr angepriesen. Die Uhr hatte ein großes quadratisches Gehäuse. Sie wurde mit einem Lederarmband verkauft, das mit einer für die damalige Zeit modernen Schnalle befestigt war. Ihre Zeiger konnten im Dunkeln leuchten und sie hatte eine deutlich hervorstehende Krone (so heißt der kleine Knopf an der Seite, der zum Einstellen der Uhrzeit und zum Aufziehen der Uhr diente), da Piloten üblicherweise mit Handschuhen flogen und die Uhr einfach zu bedienen sein musste. Kurz gesagt, die Uhr war das, was Santos brauchte.

Heute werden diese Uhren in der Luftfahrt nicht mehr eingesetzt, da die Cockpits mit modernen Geräten ausgestattet sind. Man muss also kein Pilot sein, um eine solche Uhr zu tragen.

Für Schachspielerinnen und Schachspieler

Die erste rein mechanische Schachuhr wurde 1883 bei einem internationalen Schachturnier in London benutzt.

Das Gerät besteht aus zwei Uhren in einem Gehäuse. Jede hat ein eigenes Zifferblatt, einen eigenen Knopf und ein sogenanntes Fallblättchen, das vom Minutenzeiger angehoben wird.

Fällt das Fallblättchen, bedeutet das, dass die Zeit, in der der Spieler über seinen nächsten Zug nachdenken kann, um ist. Wenn der Spieler fertig ist, drückt er den Knopf über seiner Uhr und startet so die Uhr des Gegners. Die Spieler schalten die Uhr während des Spiels abwechselnd um.

Früher spielte man ohne Uhr Schach – die Spieler hatten unbegrenzt Zeit, ihre Figuren zu bewegen. Erst im 19. Jahrhundert wurden Sanduhren und später dann Schachuhren eingesetzt.

Der Beruf des Uhrmachers

Er ist wie ein Arzt, der eine Krankheit diagnostiziert und heilt. Wie ein Automechaniker, der das Auto repariert. Wie ein Chirurg, weil er seine Arbeit unter sterilen Bedingungen und mit höchster Präzision ausführt. Wie eine liebevolle Mutter, die alle eure Probleme mit Zärtlichkeit und Feingefühl angeht. Und wie Leonardo da Vinci, weil er sich in vielen Bereichen auskennen muss: in der Feinmechanik, Elektronik, Physik, Chemie, Mathematik oder mit Schmuck. Wer ist das? Der Uhrmacher.

Uhrmacher stellen Teile oder gleich ganze Zeitmessgeräte her und reparieren verschiedene Arten von Uhren. Wenn eine Uhr nicht mehr funktioniert, entfernt der Uhrmacher mit einem Öffner den Deckel und untersucht alles. Hat er das Problem gefunden, holt er andere Werkzeuge hervor: kleine Schraubenzieher, Lupen, eine Pinzette, einen Halter (der die Uhr hält), Drillbohrer (Mini-Bohrer, um kleine Löcher in dünne, flache Teile zu bohren), kleine Hämmer, Feilen oder Schleifer. Nach Abschluss der Arbeiten muss er die Uhr vorsichtig reinigen und die einzelnen Elemente mit Öl schmieren.

Der Uhrmacher repariert eine Uhr nicht nur, er wartet sie auch: Er ersetzt oder poliert das Glas und das Gehäuse (die Hülle der Uhr, die den Mechanismus hält und schützt), erneuert das Zifferblatt und die Zeiger oder bringt ein neues Armband an. Die Reparatur dauert nur ein paar Minuten, wenn die Batterie getauscht werden muss, und mehrere Stunden, wenn der Schaden größer ist. Das ist definitiv eine Arbeit für **geduldige Menschen**.

Wie wird man eigentlich Uhrmacher? In Deutschland gibt es die Möglichkeit, eine solche **Ausbildung** zu machen, beispielsweise in der Uhrmacherschule Alfred Helwig (Alfred Helwig wurde im 19. Jahrhundert geboren und war Uhrmacher). Aber auch in einer Reparaturwerkstatt oder in großen Firmen kann man die Ausbildung absolvieren. Ihr müsst aber damit rechnen, dass ihr mehr Uhren reparieren werdet, anstatt neu herzustellen.

Der Beruf des Uhrmachers verschwindet langsam, denn heutzutage kauft man eher eine neue Uhr, als einen Spezialisten zu suchen, der die alte repariert. Aber wer weiß, vielleicht wird die Slow-Life-Bewegung etwas ändern und den Uhrmachern wieder zur alten Bekanntheit helfen.

Tickende Türme

Es gibt Wachtürme, von denen aus man früher beobachtete, ob sich ein Feind der Stadtmauer näherte. Es gibt Gefängnistürme, in denen die Verbrecher untergebracht waren. Und es gibt Uhrtürme. Als es noch keine Armbanduhren gab, wurden die Stunden mit großen Uhren über den Eingangstoren, an Kirchen und Rathäusern angezeigt. Das ganze Stadtleben drehte sich darum. Bis heute sind sie oft das Symbol von Städten.

Eine der **ältesten Uhren** hängt in Polen am Breslauer Rathaus. Eine andere interessante Uhr befindet sich in Frankreich am Kirchturm in Perpignan. Sie wurde im 18. Jahrhundert gebaut und hat drei Zifferblätter. Das obere zeigt die Stunde, das mittlere die Sternzeichen und das untere die Mondphasen.

Als 1834 in London am Ufer der Themse ein großer Teil des Palastes von Westminster (Sitz des Parlaments) abbrannte, wurde ein Wettbewerb für den Entwurf des neuen Palastes ausgeschrieben. So entstand auch der Uhrturm, der heute meist nur **Big Ben** genannt wird. Dabei ist das eigentlich der Name der Glocke. Diese wurde nach BENjamin Hall benannt, der die Arbeiten überwachte und angeblich recht groß war. Die Uhr schlägt jede Stunde, aber wusstet ihr, dass der Gong um 18 Uhr und um Mitternacht live auf einem britischen Radiosender übertragen wird? Außerdem steht unter jedem der vier Zifferblätter der Uhr die Inschrift: „Gott schütze unsere Königin Victoria I." 2012 wurde der Turm zum 60. Jubiläum von Königin Elisabeth II. offiziell in **Elizabeth Tower** umbenannt. Sowohl den Big Ben als auch den Palast von Westminster könnt ihr besichtigen.

Die Uhr im **tschechischen Prag** hängt am **Rathausturm**. Sie stammt aus dem Jahr 1410. Lange glaubte man, die Uhr sei 1490 von Meister Hanuš gebaut worden. Das stimmt zwar nicht, trotzdem gibt es eine Legende: Weil die Stadtväter Angst hatten, Hanuš könnte woanders auch eine so schöne Uhr bauen, sperrten sie ihn ein und blendeten ihn. Vor seinem Tod rächte er sich: Er zerstörte einen Teil des Mechanismus, der erst nach 100 Jahren repariert werden konnte. Die Uhr zeigt die Position der Himmelskörper sowie die Monate und Sternzeichen. Besonders beliebt bei Touristen sind jedoch die beweglichen Figuren: Zwölf Apostel, ein Skelett, das eine Glocke läutet, ein Mann, der sich eitel im Spiegel betrachtet, ein Geizhals mit einem Sack Geld und ein Osmane. Sie erscheinen jeden Tag stündlich neben und über der Uhr.

Die **italienische Uhr** am Markusplatz in Venedig ist über 500 Jahre alt. Der Turm, an dem sie hängt, heißt **Torre dell'Orologio** (Uhrturm). Die Uhr zeigt die Stunden, Jahreszeiten, Mondphasen und die Sternzeichen an. Über dem Zifferblatt ist ein geflügelter Löwe zu sehen, darunter eine Madonna mit Kind, also Maria mit Jesuskind. Auf der Turmspitze stehen zwei Bronze-Hirten, die stündlich die Glocke schlagen. Jedes Jahr am 6. Januar, dem Tag der Heiligen Drei Könige, sowie an Christi Himmelfahrt erscheinen außerdem Figuren der Heiligen Drei Könige, die auf einer Rundbahn vor der Uhr fahren.

Die Uhr am **Warschauer Kulturpalast** in **Polen** ist im Vergleich noch ganz jung. Sie schlug zum ersten Mal zum Jahreswechsel von 1999 auf 2000, also zu dem Zeitpunkt, als wir in das dritte Jahrtausend unserer Zeitrechnung eintraten. Die Uhr befindet sich im 42. Stock des Kulturpalastes (Touristen können mit dem Aufzug nur bis zum 30. Stock fahren, wo sich die Aussichtsplattform befindet). Das Zifferblatt mit den Zeigern wiegt 450 Kilogramm, das ist so viel wie ein weiblicher Büffel! Diese Uhr ist eine der größten in Europa. Bei gutem Wetter ist sie bis zu fünf Kilometer weit sichtbar.

Wie ein Schweizer Uhrwerk

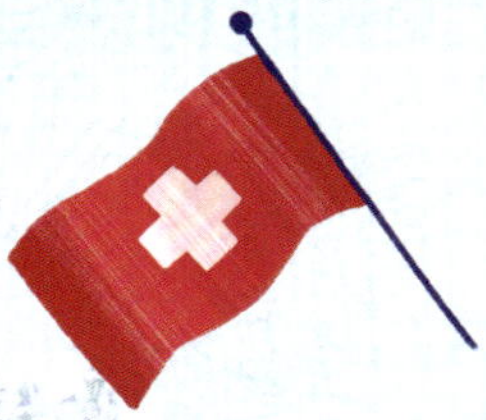

Bestimmt kennt ihr dieses Sprichwort. Es bedeutet, dass etwas präzise funktioniert und nie zu spät ist. Schweizer Uhren versagen nicht, gehen nicht kaputt und laufen immer richtig. Aber was hat das mit der Schweiz zu tun?

Vor über 300 Jahren war die Schweiz eher ein armes Land, denn durch die vielen Gebirge kann es landwirtschaftlich nur wenig genutzt werden. Führend in der Herstellung von Uhren war damals Frankreich, wo viele Hugenotten, die man später Protestanten nannte, lebten. Diese Menschen befolgten strenge Regeln und waren für ihren Fleiß bekannt. Doch bald kam es zu Streitigkeiten zwischen Protestanten und Katholiken, die so schlimm wurden, dass einige in die Schweiz flohen. Und weil sie sich wie kaum ein anderer mit dem Uhrenhandwerk auskannten, bauten sie dort die **Uhrenindustrie** auf – und das sehr erfolgreich!

ABRAHAM-LOUIS BREGUET

Einer der herausragendsten Uhrmacher Ende des 18. und Anfang des 19. Jahrhunderts war Abraham-Louis Breguet. 1775 gründete er die Firma **Breguet**. Die Uhren waren sehr begehrt und fanden ihren Weg an viele königliche Höfe, darunter an die von Marie Antoinette, Napoleon und Zar Alexander I. Eines der berühmtesten Werke Breguets ist die *Sympathique*. Sie wurde vom Herzog von Orléans bestellt. Er war auf der Suche nach einer Uhr, die technische Neuheiten mit einem anspruchsvollen und luxuriösen Design vereinte.

Diese Tischuhr in ihrem verzierten Gehäuse, das einem Turm ähnelte, hatte oben eine spezielle Vertiefung für eine Taschenuhr, die von zwei vergoldeten Löwen gehalten wurde. Mit einem cleveren System wurde die große Uhr aufgezogen, die dann die kleinere ebenfalls aufzog. Wenn der Herzog die Taschenuhr mitnahm, setzte er an ihre Stelle ein vergoldetes Medaillon. Heute stellt die Manufaktur, also Produktionsstätte, Breguet **hochwertige Armbanduhren** her – sie ist dafür bekannt, nur sehr wenige pro Jahr zu produzieren, aber alle sind bis ins kleinste Detail verfeinert.

Eine weitere berühmte Marke wurde von dem Polen Antoni Patek mit aufgebaut. 1845 gründete er zusammen mit einem gewissen Jean Adrien Philippe eine der renommiertesten Uhrmanufakturen der Welt – **Patek Philippe & Co.** Patek Philippe-Uhren wurden getragen von: gekrönten Häuptern (Königin Victoria), berühmten Wissenschaftlern (Albert Einstein und Marie Curie), Komponisten (z. B. Richard Wagner) und Malern (z. B. Pablo Picasso). Sie werden auch von modernen Sängern wie Elton John getragen.

Es gibt noch viel mehr Marken. Zum Beispiel **Rolex** – der größte Uhrenhersteller der Welt. Der Bergsteiger Edmund Hillary trug diese Uhr, als er zum ersten Mal den Everest erklomm. Darüber hinaus wurde 1960 eine Rolex an der Außenhülle eines Tiefseetauchboots platziert, das zum tiefsten Ort der Erde, dem Marianengraben (fast elf Kilometer unter dem Meeresspiegel), hinabstieg. Die Uhr hielt dem extremen Druck stand.

Auch **Longines** ist eine führende Schweizer Marke. Sie maß während des Atlantik-Flugs von Charles Lindbergh die Zeit, die dieser für die Überquerung brauchte. Die aufgezeichneten Messungen gab Lindbergh weiter und trug damit zur Entwicklung einer speziellen Uhr für Piloten bei.

Certina-Uhren, deren Name vom lateinischen *certus* für „sicher" inspiriert ist, sind hauptsächlich für Sportler gedacht. Sie haben eine Stoppuhr und halten unter verschiedenen Bedingungen stand. Die Marke **Atlantic** hat ein sehr wiedererkennbares Firmenlogo. Es zeigt einen Sextant, ein Messinstrument der Navigation und der Astronomie, und einen Anker, die den Buchstaben A bilden.

Echte Schmuckstücke

Statt eines Lederarmbands eines, das mit Diamanten besetzt ist. Statt eines herkömmlichen Gehäuses eines aus Gold. Manche Uhren sind mehr Schmuck als Uhr. Aber wer würde nicht gern einmal einen Edelstein tragen, der ein Vermögen wert ist?

Am 11. November 2014 erschien eine legendäre Taschenuhr, die als eine der teuersten der Welt gilt: die **Patek Philippe Henry Graves Supercomplication** („Superkomplikation" von „kompliziert" oder „schwierig"). Warum dieser Name? Zum Zeitpunkt ihrer Entstehung 1933 war sie die komplizierteste Uhr der Welt – ihre Herstellung (Design und Produktion) dauerte sechs Jahre. Sie wurde vom Bankier Henry Graves Jr. in Auftrag gegeben, der teure und außergewöhnliche Uhren sammelte. Um diese wetteiferte er Berichten zufolge mit dem Autofabrikbesitzer James W. Packard. Zwar hatten beide seltene und hochwertige Uhren in ihrer Sammlung, doch mit der *Supercomplication* hatte Graves am Ende die Uhr, die am kompliziertesten in der Herstellung war.

Unter den teuersten Uhren von heute liegt die **Graff Diamonds Hallucination** an der Spitze. Sie kann einen wirklich schwindlig machen. Alles an ihr funkelt in so vielen Farben, dass man davon fast Augenzittern bekommt. Sie scheint eine Fata Morgana zu sein. Mehrfarbige Diamanten sind in ein breites Platinarmband eingebettet und mosaikförmig angeordnet. Die Uhr kostet unbeschreibliche 55 Millionen Dollar, das sind über 51 Millionen Euro. So viel verdienen die meisten Menschen in ihrem ganzen Leben nicht.

Ein anderes Schmuckstück ist die **Chopard 201-Carat Watch**. Bei dieser Uhr ist es schwierig, die Zeit abzulesen. Denn die mit bunten Diamanten besetzte Uhr sieht aus wie eine Brosche, und es ist nicht ganz klar, wo der Schmuck aufhört und die Uhr beginnt.

Und jetzt etwas für den Milliardär – die **Jacob & Co. Billionaire Watch**. Das ist kein zufälliger Name. Diese einzigartige Uhr wurde von dem Unternehmer Flavio Briatore entworfen, der dafür bekannt ist, Formel-1-Talente zu entdecken. Es gibt nur eine solche Uhr auf der Welt! 2018 wurde sie von Boxkönig Floyd Mayweather Jr. gekauft. Die Uhr besteht aus 239 Diamanten. Das transparente Zifferblatt zeigt den Mechanismus dahinter – das Modell wird *skeleton* (Skelett) genannt .

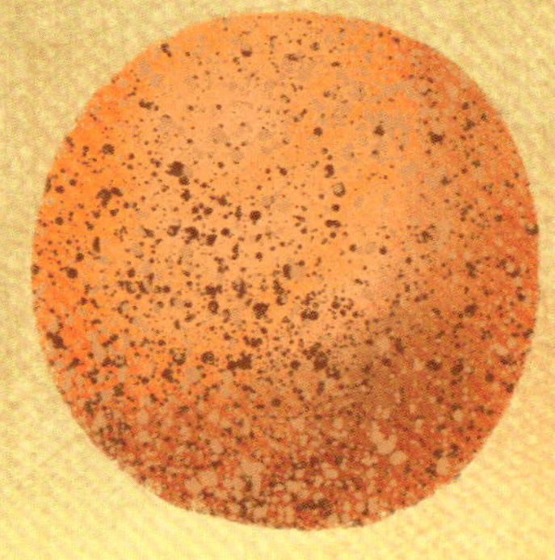

Ebenso edel und sehr originell sind die Uhren aus der Reihe **Louis Moinet Meteoris**. In die Mechanismen sind sichtbare Fragmente von Meteoriten eingebaut – darunter authentische Stücke von Mars- und Mondmeteoriten. Weltweit gibt es vier solcher Uhren, von denen jede ein Stück eines anderen Meteoriten enthält. Sie sind echte Kunstwerke!

Im Kalender eingetragen

Früher maßen die Menschen die Zeit anhand der Natur: durch das Pflanzenwachstum, den Vogelzug, die Trocken- und Regenzeiten oder, wie die alten Ägypter, die jährliche Überschwemmung des Nils.

Diese Phänomene hängen von der **Bewegung des Mondes** um die Erde und der Erde um die Sonne ab. Es gibt zwei Grundkalender: den Mond- und den Sonnenkalender. Der erste nutzt die Mondphasen (Neumond, zunehmender Mond, Vollmond und abnehmender Mond), der zweite die Drehung der Erde um die Sonne und die damit verbundene Abfolge der Jahreszeiten.

Heute verwenden wir auf der Welt den **Sonnenkalender**, aber es gibt Länder, wo der **Sonnen-Mond-Kalender (Lunisolarkalender)** in Gebrauch ist. Wenn ihr nach Vietnam oder China reist und einen Kalender kauft, seht ihr, dass das erste Datum nach dem Sonnenkalender angegeben ist und für alle Angelegenheiten des Alltags (Geburtstage, Feiertage) gilt, und das zweite Datum – für die Feste – nach dem Sonnen-Mond-Kalender gerechnet ist.

Der **älteste Kalender**, den Wissenschaftler gefunden haben, wurde vor 10.000 Jahren erstellt. Man entdeckte ihn 2004 in Aberdeenshire in Schottland. Er besteht aus einer 50 Meter langen Reihe von zwölf Gruben. Die Gruben wurden in Form eines Bogens ausgehoben. Der Kalender spiegelte die Bewegungen des Mondes in seinen Phasen wider. Jede Grube entsprach einem Monat, der in drei Zeiträume zu je zehn Tagen unterteilt war. Der Bogen repräsentierte das ganze Jahr.

Die Babylonier glaubten, dass ihr Kalender vom Gott Marduk geschaffen wurde. Er bestand aus **12 Monaten** zu je 28 Tagen und etwas später zu je 29 Tagen. Ihr Jahr hatte also weniger Tage, als wir heute zählen. Irgendwann wurde alle paar Jahre ein 13. Monat von 30 Tagen hinzugefügt. Das geschah aber unregelmäßig – manchmal wurde er Jahr für Jahr hinzugefügt, manchmal wurde er vergessen.

Der Monat wurde später in Wochen eingeteilt, die jeweils 7 Tage hatten. Durch die Religion bekamen manche Tage schließlich eine feste Bedeutung, wie zum Beispiel der *Schabbat* im Judentum. Das ist ein Tag, an dem nicht gearbeitet wird, da der Samstag (Sabbat) als **Ruhetag** gilt. Dass Juden und Christen sich an den Sabbat halten sollen, steht sogar in den Zehn Geboten ihres Gottes!

Einer der berühmtesten Kalender wurde von den alten Römern erstellt. Das Wort „Kalender" (von lateinisch *calendae* oder griechisch *kaleō*) bedeutete „der erste Tag des Monats" oder „ausrufen", denn zu Beginn eines jeden Monats rief der Hohepriester die Einwohner zusammen und verkündete ihnen dessen Länge. Ursprünglich begann das Jahr im März, genauer gesagt am 15. März. Später wurde der Jahresbeginn auf den 1. Januar verschoben. Doch die Priester verlängerten oder verkürzten die Monate so oft, dass am Ende niemand mehr richtig wusste, in welchem Monat sie sich eigentlich befanden. Erst unter Julius Cäsar wurde der alte chaotische Kalender durch den nach Cäsar benannten **Julianischen Kalender** ersetzt. Der Julianische Kalender ordnete jedem Monat 30 oder 31 Tage zu. Dabei wurde auch das Schaltjahr berücksichtigt, durch das der Februar alle vier Jahre 29 Tage hat.Aber nach mehreren Jahrhunderten wurde 1582 unter Papst Gregor XIII. eine Korrektur des Julianischen Kalenders eingeführt. Der neue Kalender wurde **Gregorianischer Kalender** genannt (nach dem Papst), und die Jahreszeiten fielen immer in die gleichen Teile des Kalenderjahres. In Deutschland gilt, wie in ganz Europa, der Gregorianische Kalender. Die orthodoxe Kirche verwendet aber den Julianischen Kalender, um kirchliche Feiertage zu datieren (daher die Unterschiede an Weihnachten und Ostern).

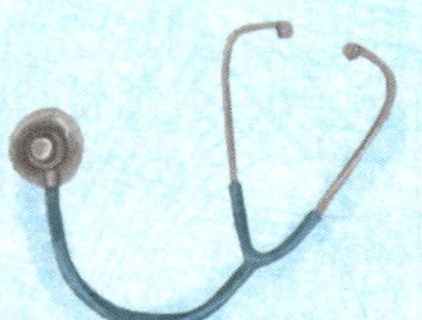

Arbeitszeit

Ein Kind möchte Feuerwehrmann werden. Andere Kinder wollen Lokführer oder Polizisten werden. Wovon träumt ihr? Kranke behandeln, forschen, in Filmen mitspielen oder Zeitungsartikel schreiben? Jede Arbeit erfordert einen anderen Lebensstil. Unterschiedliche Tätigkeiten werden zu unterschiedlichen Zeiten erledigt.

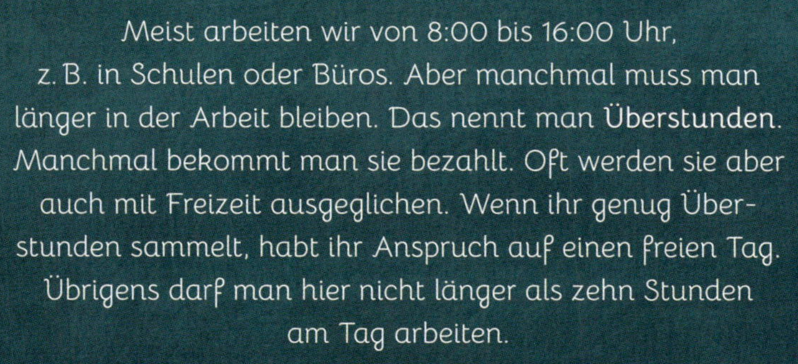

Meist arbeiten wir von 8:00 bis 16:00 Uhr, z. B. in Schulen oder Büros. Aber manchmal muss man länger in der Arbeit bleiben. Das nennt man **Überstunden**. Manchmal bekommt man sie bezahlt. Oft werden sie aber auch mit Freizeit ausgeglichen. Wenn ihr genug Überstunden sammelt, habt ihr Anspruch auf einen freien Tag. Übrigens darf man hier nicht länger als zehn Stunden am Tag arbeiten.

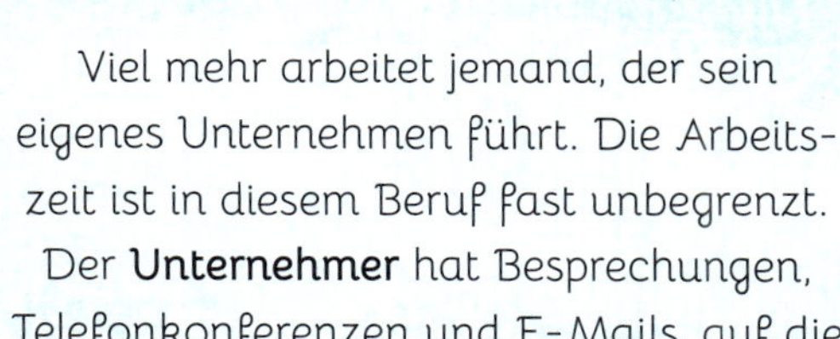

Viel mehr arbeitet jemand, der sein eigenes Unternehmen führt. Die Arbeitszeit ist in diesem Beruf fast unbegrenzt. Der **Unternehmer** hat Besprechungen, Telefonkonferenzen und E-Mails, auf die er antworten muss. Auch im Urlaub kann er selten abschalten. Mit anderen Worten: Ein Unternehmer arbeitet selbstständig. Selbst und ständig.

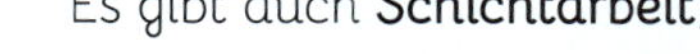

Es gibt auch **Schichtarbeit**, das heißt, man arbeitet mal tagsüber und mal nachts. Schichtarbeiter wie Taxifahrer, Busfahrer, Fluglotsen am Flughafen oder Fernsehmoderatoren können selbst an Weihnachten Nachtdienst haben. Doch zumindest ist dann im nächsten Jahr sicher jemand anderes dran.

An anderen Stellen muss immer jemand am Telefon sein – beispielsweise bei der Feuerwehr oder im Krankenhaus. Wenn etwas wirklich Schlimmes passiert (wie ein Feuer oder ein Unfall, bei dem die Opfer gerettet werden müssen), können sie nicht anders, sie müssen mitten in der Nacht aufstehen und zur Arbeit gehen.

Es gibt auch typische **Nachtberufe**. Damit wir morgens frisches Brot haben, muss der Bäcker oft schon am Abend oder um 02:00 Uhr nachts mit der Arbeit beginnen. Im Morgengrauen liefern Fahrerinnen und Fahrer es dann in die Geschäfte.

Das U-Bahn-Personal geht auch nachts zur Arbeit. Seine Aufgabe ist es, die Waggons und Bahnsteige zu reinigen und zu überprüfen, ob alles ordnungsgemäß funktioniert. Auch Lokführer von Spezialzügen arbeiten nachts.

Und wisst ihr, wie viel Zeit eine Kinderbuchautorin ihrer Arbeit widmet? Als Autor ist man **Freiberufler** – also ein Ein-Personen-Unternehmen. Man muss meist selbst eine Idee für ein Buch finden und schließlich einen Verlag suchen, der das Buch veröffentlichen möchte. Autorinnen und Autoren können morgens, mittags, abends und nachts arbeiten, je nachdem, wie es ihnen passt. Vielleicht arbeiten sie an einem Tag überhaupt nicht und am nächsten Tag für zwei. Wichtig ist nur, dass sie ihre Abgaben einhalten. Denn Kreative und Journalisten haben Fristen, innerhalb derer sie ihre Arbeit fertigstellen müssen.

Zeitreise

Wer hat nicht schon einmal von einer Zeitreise geträumt? In die Vergangenheit oder in die Zukunft? Schaut her!

Schon im 19. Jahrhundert fragten sich die Menschen, wie man eine Zeitmaschine bauen könnte. Dem Protagonisten in dem Buch ***Die Zeitmaschine*** ist es gelungen. Der Roman wurde 1895 von H. G. Wells geschrieben. In dem Buch reist ein Wissenschaftler in einer von ihm konstruierten Maschine in die ferne Zukunft, wo er zwei Menschenrassen trifft – die Eloi und die Morlocks. Der Wissenschaftler bemerkt, dass der technische Fortschritt den Menschen kein Glück gebracht hat. Stattdessen beruht das Glück der einen Menschenrasse auf dem Unglück der anderen. Keine guten Aussichten!

Eine eher fröhliche Reise in die Vergangenheit findet ihr beim Film ***Zurück in die Zukunft***. Hier baut 1985 der verrückte Wissenschaftler Emmett „Doc" Brown eine Zeitmaschine aus einem DeLorean, einem Auto, dessen Türen sich nach oben öffnen. Sein Freund Marty McFly reist in die 1950er-Jahre und trifft dort seine Eltern, die damals noch Teenager waren.

Zeitreisen können auch bilden. Die 16-jährige Gwendolyn reist in Kerstin Giers ***Rubinrot – Liebe geht durch alle Zeiten*** in das London des letzten Jahrhunderts. Zunächst passiert diese Zeitreise erst unerwartet, später geht sie mit einer Mission in die Vergangenheit zurück. Um sich dort aber möglichst unauffällig zu bewegen, muss sie natürlich mehr über das Leben von damals erfahren. So setzt sie sich unter anderem mit der Kleidung, die zu dieser Zeit getragen wurde, auseinander. Ihre Eindrücke und Erlebnisse nimmt sie dann wieder zurück in die Gegenwart.

Manchmal sind Zeitreisen aber auch gefährlich. Das zeigt der Film ***See You Yesterday*** von Spike Lee. In diesem erfinden zwei wissenschaftsbegeisterte Oberstufenschüler, C.J. und Sebastian, eine Zeitmaschine in Form eines Rucksacks. Als schließlich C.J.s älterer Bruder stirbt, reisen die beiden ein paar Stunden in die Vergangenheit, um seinen Tod zu verhindern. Doch schon bald finden sie heraus, dass selbst die Umkehr eines tragischen Ereignisses das Schicksal der Welt beeinflusst …

Lieder über die Zeit

Vergänglichkeit, Altern – das sind Themen, die in Literatur und Malerei oft behandelt werden. Doch wie sieht es mit der Musik aus? Hört genau hin und findet es heraus!

Ein Lied wie das Ticken einer Uhr

Der Song *Time* (dt. Zeit) der britischen Rockband Pink Floyd ist einzigartig. Er beginnt mit einer langen Einleitung, in der man verschiedene Uhren hören kann, schließlich etwas, das wie eine tickende Bombe und ein Herzschlag klingt. Roger Waters, der Bassist der Band, schrieb den Text, nachdem ihm mit 28 und 29 Jahren klar wurde, dass ihm die Zeit davonlief. Vorher war er unbeschwert gewesen, aber plötzlich hatte er die Hälfte seines Lebens hinter sich. In dem Lied warnt er daher davor, grundlos Zeit zu verschwenden, indem wir auf irgendetwas warten, was vielleicht nicht eintreffen wird.

Ein Lied aus dem Jenseits

Freddie Mercury, Leadsänger der Band Queen, starb 1991, doch 2017 entstand ein Song mit seiner Stimme, während die Melodie neu aufgenommen wurde.

Die Originalversion des Songs *Time* entstand Anfang 1986. Das Lied wurde im gleichnamigen Musical von Dave Clark verwendet. Während der Aufnahmen entstand aber auch eine andere Version desselben Liedes: *Time Waits For No One* (dt. Die Zeit wartet auf niemanden). Der Sänger von Queen wurde am Klavier von Mike Moran begleitet. Im Jahr 2017 fand Dave Clark eine Demo (also eine unvollendete Form des Musikstücks) der zweiten Version. Er nahm Freddies Original-Gesangsspuren und holte Moran wieder ins Studio, um dessen Klavierpart neu aufzunehmen. So entstand nach Jahren *Time Waits For No One*. Was bedeuten eurer Meinung nach die Worte „Die Zeit wartet auf niemanden"? Bedeutet es, dass die Zeit unaufhaltsam vorwärtsdrängt und nicht auf Nachzügler wartet?

Eine Ballade über vergängliche Liebe

Sängerin Cyndi Lauper hatte Liebeskummer, als sie mit der Arbeit an *Time After Time* (dt. Ein ums andere Mal) begann. Auch ein weiterer Autor des Liedes, Rob Hyman, litt damals unter Herzschmerz, und als sich die Künstler trafen, fanden sie gleich eine gemeinsame Sprache in der Musik. Der Arbeitstitel, also der Name, unter dem sie mit dem Schreiben anfingen, wurde von dem Science-Fiction-Film *Time After Time* (deutscher Titel *Flucht in die Zukunft*) entliehen. Weil am Ende dann kein anderer Titel mehr so recht passen wollte, blieb es bei *Time After Time*. Der Song handelt davon, dass sich ein Paar trennt. Das Mädchen liegt auf dem Bett und lauscht dem Ticken der Uhr. Es weiß, dass die Zeit weitergehen und auch ihre Gefühle verändern wird.

Der Song war ein Hit und wurde sehr gelobt. Im Laufe der Jahre gab es außerdem viele verschiedene Versionen von *Time After Time*, aber am stolzesten war Cyndi, als sie erfuhr, dass der legendäre Jazztrompeter Miles Davis seine eigene Version ihres Songs geschaffen hatte.

Die Kunst des Vergehens

Uhren – die kennen wir nun zur Genüge. Wir wissen, dass es Taschen-, Kuckucks-, Stand- und Wanduhren und noch ganz viele weitere Arten von Uhren gibt. Und dass sie die Zeit messen. Aber es gibt ein Bild, das Uhren auf eine ganz andere, überraschende Weise zeigt.

Die Uhren auf diesem Gemälde schmelzen wie Schnee, fließen wie Wasser, sind weich wie geschmolzener Käse. Eine hängt wie eine schlappe Fahne an einem toten Baum, eine andere fließt über eine Kante, die dritte ähnelt einem Sattel auf einer nicht näher bezeichneten Figur und auf der vierten krabbeln Ameisen. Das Gemälde heißt *Die Beständigkeit der Erinnerung*. Es wurde vom Spanier **Salvador Dalí** gemalt. Dalí war Surrealist (ein Maler, der die Welt auf unwirkliche Weise zeigt) und ein ungewöhnlicher Mann mit einem fantasievoll gezwirbelten Schnurrbart. Die zerfließenden Uhren symbolisieren die Vergänglichkeit der Zeit. Denn die Zeit sickert, tropft und rinnt. Sie hält nicht an. Einerseits ist das traurig, aber andererseits zwingt es uns, jeden Moment zu nutzen.

Zu dem Bild gibt es übrigens eine Anekdote: An einem heißen Tag saß Dalí auf der Terrasse und aß Camembert. Er bemerkte, dass der Käse schmolz und von der Platte floss. Also tauschte er den zerlaufenden Käse gegen zerfließende Uhren. Denn so wie nichts den Schmelzprozess von Käse in der Sonne aufhalten kann, kann auch niemand den Lauf der Zeit aufhalten.

Ganz anders ist das Gemälde von **Gustav Klimt**. Der Österreicher lernte als Sohn eines Goldschmieds über die Jahre Gold sehr zu schätzen. Kein Wunder, dass er 1903 bei seiner Reise ins italienische Ravenna von den Mosaiken in der Kirche San Vitale verzaubert war: Tausende von Blattgold- und Keramikteilchen, die in der Sonne schimmerten, glänzten ihm entgegen. Das wollte er auch in seinen Bildern. Schon bald verwendete er also Blattgold und -silber. Im Bild *Drei Lebensalter einer Frau* berührt Klimt ein Thema, das viele Maler aufgegriffen haben – den Lauf der Zeit und die Unvermeidlichkeit des Alterns. Er teilte das Leben einer Frau in folgende Phasen ein: Kindheit (symbolisiert durch ein kleines Mädchen), Reife (in Form einer schönen rothaarigen jungen Frau) und Alter, das durch eine faltige alte Frau mit schlaffer Haut und grauem Haar dargestellt wird. Sie bedeckt ihre Augen mit ihren Händen in einer Geste der Verzweiflung, vielleicht weil ihre Zeit abgelaufen ist. Auf der linken Bildseite (wo die alte Frau steht) kontrastieren sich kräftige und deutliche Farben wie Gold, Rot und Schwarz mit dem jugendlichen Blau auf der linken Seite.

Die Ankunft des Neuen

Vor langer Zeit soll Papst Silvester I. die Menschen der Stadt Rom vor dem tödlichen Hauch des Drachen Leviathan befreit haben. Das ist aber nur eine Legende. Sicher ist, dass in den christlichen Ländern die Nacht am Jahresende, also der 31. Dezember, in Gedanken an **Papst Silvester I.**, der an diesem Tag starb, Silvester genannt wird. Dass ausgerechnet an Papst Silvester I. gedacht wird, ist eher Zufall, der Gregorianische Kalender legte den 31. Dezember als letzten Tag fest und lieh seinen Namen von dem Tagesheiligen: Papst Silvester I.

In verschiedenen Kulturen wurde und wird das neue Jahr zu unterschiedlichen Zeiten gefeiert. Die alten **Griechen** begrüßten es mit der Ankunft des Frühlings und organisierten Dionysien (Prozessionen zu Ehren von Dionysos, dem Gott des Weines). In **China** fällt es zwischen den 21. Januar und den 20. Februar. Im **Judentum** feiert man es am 1. oder 2. Tag des Monats Tischri, also im September oder Oktober (der erste Tag des neuen Jahres Rosch ha-Schana), und die **Hindus** feiern es im März oder April (in manchen Regionen auch Ende Oktober). Es hängt davon ab, welchen Kalender die jeweilige Kultur verwendet.

Das neue Jahr verabschiedet die Vergangenheit und begrüßt die Zukunft. Viele Erwachsene fassen jedes Jahr **Vorsätze**, nehmen sich also zum Beispiel vor, sich gesünder zu ernähren oder zu joggen. Leider hält das nicht immer so lange wie erhofft. Doch obwohl es sich meist um leere Versprechungen handelt, weckt der Beginn des neuen Jahres die Hoffnung, dass es besser wird, dass alte Sorgen verschwinden und dass wir die schlechten Entscheidungen des letzten Jahres nicht wiederholen. Es ist ein neues Kapitel, in dem wir von vorne beginnen wollen.

Aber diese Abkehr vom vergangenen Jahr ist eine Täuschung, denn wir können die Vergangenheit nicht einfach vergessen. Die **Auswirkungen** von dem, was wir davor getan haben, zeigen sich früher oder später. Noch lange nach Neujahr werdet ihr von den schlechten Noten des letzten Schuljahres heimgesucht. Wir sollten und können die Vergangenheit also nicht vergessen. Ein gutes Beispiel dafür ist das Neujahr im antiken Rom. Damals wurde der Gott Janus verehrt. Janus hatte zwei Gesichter: Eines war der Vergangenheit zugewandt, das andere der Zukunft.

Was bringt die Zukunft?

Was wäre, wenn ... ich mir nicht das Bein gebrochen hätte? Wenn ich nicht Mamas Lieblingsvase kaputt gemacht hätte? Wenn es keine Kriege auf der Welt gäbe? Diese Fragen sind nutzlos, denn was passiert ist, ist passiert. Trotzdem haben wir solche Gedanken, meist dann, wenn wir selbst schuld sind. Es wäre wirklich zu schön, die Zeit zurückzudrehen und manches ungeschehen zu machen!

Das Gegenteil davon ist, das vorherzusehen, was vielleicht passieren *könnte*. Wissenschaftlerinnen und Wissenschaftler sehen sich dafür Veränderungen in der Natur und der Gesellschaft genau an und überlegen, was in ein paar oder mehreren Jahrzehnten passiert. Zum Beispiel mit unserer Erde! Wir müllen sie mit Plastik zu und geben zu viel CO_2 in die Atmosphäre ab, so dass sie immer wärmer wird. Was dieses Verhalten in 100 Jahren für unseren Planeten bedeutet, damit beschäftigen sich **Zukunftsforscher und -forscherinnen**.

Einige Leute versuchen auch zu erraten, welche Kleidung in der nächsten Saison getragen wird. Oder welche Möbelformen und Wandfarben in unseren Wohnungen beliebt werden. Das Beobachten und Vorhersagen von Trends nennt man **Trendwatching**. Das Pantone Color Institute ist besonders für das Trendwatching bekannt. Expertinnen und Experten wählen auf Basis von Recherchen in ausgewählten Personengruppen und Beobachtungen die Leitfarbe für das kommende Jahr. Ihre Wahl hat Einfluss auf Innenarchitektur und Mode. Das Jahr 2022 gehörte zur Farbe *very peri*, einem Violettblau. Solche Trends sind meist aber nur von kurzer Dauer und können jederzeit enden. Wie bei einer Wettervorhersage.

Spannender als Trendfarben sind die Vorhersagen, die sich um Roboter und künstliche Intelligenz drehen. Ray Kurzweil, Erfinder und Programmierer, denkt, dass es bis 2030 Nanobots geben wird, das sind winzig kleine Roboter, die sich in unserem Körper, auch im Gehirn, bewegen können. Dank Nanobots soll man Krankheiten besser behandeln können. Kein Wunder, dass mit dem Fortschritt der Technik auch oft an die Unsterblichkeit des Menschen gedacht wird!

Die Pünktlichen und die Zu-spät-Kommer

Seid ihr, wenn ihr euch mit euren Freunden trefft, immer ein bisschen früher dran, oder müsst ihr euch für die Verspätung entschuldigen? Und geht ihr langsam zur Schule, sicher, dass ihr es bis zur ersten Stunde schafft, oder steht ihr im letzten Moment auf und müsst rennen? Mit anderen Worten: Seid ihr pünktlich oder nicht?

In unserer Kultur (und auch in der französischen, niederländischen oder japanischen) messen wir die Zeit sehr sorgfältig. **Zuspätkommen** ist nicht erwünscht und unhöflich, weil es bedeutet, dass wir die Zeit der anderen Person nicht respektieren. Denn nehmt mal an, ihr habt euch extra Zeit für einen Freund genommen, aber der kommt erst, wenn ihr schon wieder wegmüsst. Das ist doch ungut, oder?

Japaner, Deutsche und Polen haben es im Urlaub immer eilig, weil sie alle Sehenswürdigkeiten sehen wollen. Das sagt man zumindest. Aber wusstet ihr, dass Menschen, die in ständiger Hektik leben, öfter Herzprobleme haben?

Manche Kulturen (die Spanier, Italiener und Bewohner vieler südamerikanischer Länder) behandeln die Zeit, so als könnte man sie lang wie Gummi ziehen. Zu Terminen und Verabredungen kommen sie so zum Beispiel später und sie treffen sich gerne spontan. Es ist normal, dass sie einen Freund auf der Straße treffen und sich mit ihm in ein Café setzen, obwohl sie etwas anderes zu tun haben. Machen wir morgen, oder *mañana*, wie die Spanier sagen. Morgen ist ein neuer Tag, die Welt bricht schon nicht zusammen. Die Menschen in diesen Ländern **leben im Moment**. Sie schauen nicht ständig auf die Uhr, sie hetzen sich nicht, sie leben langsamer. Und niemand wundert sich über die Verzögerungen. Außerdem ist es dem Gastgeber gegenüber nicht nett, pünktlich zu erscheinen. Er könnte sich gestresst fühlen. Vielleicht liegt das am Klima – in den heißesten Stunden, gegen Mittag, macht dort jeder eine **Siesta**. Und wer faul ist, tut auch etwas – er ruht sich aus.

Könige, Geld und Rosen

„Pünktlichkeit ist die Höflichkeit der Könige" – habt ihr das schon mal gehört? Das bedeutet, dass ihr die Zeit gut im Blick haben und pünktlich kommen solltet, wenn ihr euch verabredet habt. Wenn ihr pünktlich seid, drückt ihr, in manchen Ländern wie bei uns, eure Wertschätzung gegenüber des anderen aus. Ihr respektiert also, dass der andere sich Zeit für euch nimmt.

Im Deutschen gibt es viele Sprichwörter über die Zeit. Eines lautet zum Beispiel: **„Zeit ist Geld."** Das bedeutet, dass ihr eure Zeit damit verbringen könnt, Geld zu verdienen, anstatt herumzufaulenzen.

Ein anderes Sprichwort lautet: **„Die Zeit heilt alle Wunden."** Nach einiger Zeit kann ein Mensch das ihm widerfahrene Unglück besser ertragen.

Das deutsche Sprichwort **„Zeit bringt Rosen und nimmt sie wieder hin"** zeigt, wie vergänglich alles ist. Nichts bleibt für immer.

Hast du jemals gehört, dass dem „Glücklichen keine Stunde schlägt"? Das bedeutet, dass jemandem, der glücklich ist, die Zeit egal ist.

Wart ihr mit euren Eltern schon mal irgendwo zu Besuch? Ihr spielt mit euren Freunden und es ist gerade am schönsten, da hört ihr: **„Es wird Zeit."** Das bedeutet: Ende des Spiels.

Aber unter allen Sprichwörtern über die Zeit ist dieses das zutreffendste: **„Das Wasser rinnt ins Meer zurück, doch kehrt zurück kein Augenblick."** Ihr könnt die Zeit nicht umkehren, also nutzt jeden Moment so, dass ihr zufrieden auf ihn zurückblicken könnt!